I0776174

Por los caminos del alma
Autora: **Mayra Castro**
Correo electrónico: mayracastrodominguez55@gmail.com

(Kindle Edition) Spanish Edition)
I.S.B.N: 9798865674948
Sello: Independently Published

Edición, formato y maquetación: Gertrudis Dueñas Román

Editor de portada: Clementina Bravo Rivera

Todos los derechos reservados

Publicación 2023.

Por los caminos del alma

Mayra Castro

Romance y poesía

Dedicatoría 

Dedico este poemario, a la persona que más me ha apoyado siempre en todos los momentos de la vida, mi hermana jimagua Mayda Castro.

A ti, con todo mi cariño,

Mayra Castro.

Poeta cubana, La Habana, Cuba.

"Cuando la oscuridad se cierna sobre ti,

PREFACIO

Realizado por:
Gertrudis Dueñas Román
Poeta y escritora cubana

"Por los caminos del alma" es este interesante poemario que invita a desempolvar sentimientos y viejos recuerdos con los que podrás embeber tus pensamientos y ahogar el grito desenfrenado que domina la pasión reflejada en cada verso.

Poemas llenos de amor y lujuria que, como en la bella África, te harán percibir aromas y exóticos sonidos a través de las letras, para adentrarte en los caminos de un mundo ilusorio o tal vez, real, que culmina en un clima cargado de sensibilidad humana, amor e incertidumbre, atravezando los pasajes más desesperados de una vida de anhelos truncos y vívidas pasiones, conformando así esta amalgama emocional llena de gracia sutil, ante la urgencia inexorable de los años y las carencias del alma, visto desde un ángulo perfecto y colorido, donde todo puede ser posible, y he aquí, una muestra de ello.

Aún me quedan mariposas en el alma,
que se anidan, cuando tengo alguna pena,
en un lugar del pecho, que se empalma,
a la angustia, que me duele y me encadena.

La poeta cubana, nace un 15 de diciembre de 1965 junto a su hermana jimagua Mayda Castro Domínguez, quien han sido parte inseparable de su vida y como todo niño cubano, se desarrolla en un ambiente impregnado de doctrinas revolucionarias, donde a la edad de cinco años, asiste a la escuela primaria "Frank País" de su localidad, hasta cursar el sexto grado, continuando los estudios secundarios en la escuela al campo de (Ceiba 1) "Comandante Ernesto (Ché) Guevara" hasta culminar el décimo grado. Al año siguiente ingresa en el Pre-Universitario "Manolito Aguiar" en el municipio de Marianao, donde se gradúa del 12 grado y casi de inmediato comienza a trabajar en la Región de Educación de Ceiba del agua, Bauta, donde tiene la oportunidad de estudiar y graduarse como "Técnico Medio en Documentación e Información Pedagógica y Bibliotecología", siendo éste el lugar donde trabaja por 30 años consecutivos, hasta el momento de su jubilación laboral.

Desde muy corta edad, siente la necesidad de expresar sus anhelos e ilusiones mediante sus letras, y es entonces, que comienza a incursionar en la poesía como autodidacta, resultando de ello, numerosas obras que, por mucho tiempo mantiene lejos del alcance público, y no es hasta el año 2019 que va incorporando estas y nuevas composiciones a diferentes grupos de poesía, donde las mismas tienen gran aceptación por parte de los lectores y administradores de dichos grupos.

Era para Mayra Castro, años atrás, un sueño inalcansable, publicar un libro donde puediera plasmar parte de sus obras o mejor dicho, parte de su vida, en poesía, sueño que hoy se hace realidad cuando su poemario **"Por los caminos del alma"** ve la luz, en tierra extranjera y al amparo de su hermana, después de atravezar los oscuros rincones de un tiempo pasado, por lo que la excelsa poeta manifiesta que:

"Cuando la oscuridad se cierna sobre ti, ilumínate con la luz, del alma"

Gertrudis Dueñas Román.
Florida, Estados Unidos
mayo 2023.

Mayra Castro

Por los caminos del alma

Por los caminos del alma, a veces nos adentramos,
y sufrimos o soñamos, con un futuro mejor.
Sentimos algún dolor que nuestro ser ha dañado,
pero también tropezamos con momentos de alegría,
que tuvimos algún día, y creímos olvidados.

Allí se encuentran amores, que aunque hoy estén
ausentes, los tenemos muy presentes, si un día nos
encontramos,
con un retrato guardado, entre pétalos de rosas,
que marchitas, pero hermosas, aún yacen en nuestro
armario,
recuerdan aniversarios de fechas que nos marcaron.

En el alma se acumulan secuencias de nuestras vidas,
que a ratos están dormidas, pero cuando se despiertan
son como reminiscencias de un tiempo que aunque pasó,
para siempre se quedó, plasmado en nuestra conciencia.

A veces en la inconciencia, el pensamiento gravita
y recordamos las cuitas, que creímos que acallamos,
pero nunca se marcharon y regresan de repente,
aún viven en nuestra mente, aunque nunca las sintamos.

El alma tiene memoria, vida propia en su estructura,
y anota con su escritura, segmentos de nuestra historia.
En el alma se proyecta, el sentir de los humanos
y cuando nos adentramos en sus abiertos caminos,
momentos buenos vivimos, que nos hacen muy felices
y también hay tiempos grises, que a veces no percibimos.

El alma tiene caminos, que se nos vuelven tortuosos,
se quedan como en reposo, nunca más los recorrimos,
otros por ser revestidos de etapas maravillosas,
por sentirlas tan gloriosas, en la mente repetimos.

En las almas escribimos sueños, metas y esperanzas,
emociones, añoranzas, el alma es una amalgama,
de ilusiones añejadas, de otras que están por cumplirse,
y otras que han de repetirse, que allí serán estampadas.

"Cuando la oscuridad se cierna sobre ti,

Si el alma te reprende

Si el alma te reprende, no le hagas mucho caso,
sonríete despacio y con serenidad,
no dejes que te culpe de todos tus fracasos,
ni de errores pasados, ni de tu adversidad.

Porque ella también tiene, que ver en este asunto,
el alma es la que tiene suprema autoridad,
para evitar que lleguen personas a tu vida,
que te causan heridas con su perversidad.

El alma siempre sabe si alguien está mintiendo,
pero a veces no actúa como tiene que actuar,
ella quiere que aprendas a valorar, tu esencia,
por eso es que aún sabiendo, no dice la verdad.

Después de tu fracaso, que ya el alma sabía,
estaba convencida, que ibas a fracasar,
porque las almas tienen licencias escondidas,
ellas son detectives de gran intensidad...

Entonces te regaña, y se pone en tu contra,
porque hubiera querido que pensaras en ti,
te ha dado mil consejos, y tú nunca la escuchas,
por eso es que tu alma; hoy se comporta así.

Me acostumbré a tu ausencia, y no es que no te piense,
ni sienta que me faltas, en noches tormentosas,
cuando siento que el llanto, me sube a la garganta,
y las ganas de verte, se me hacen impetuosas.

Pero me acostumbré, porque tuve que hacerlo,
a que no estés conmigo, a seguir respirando,
a sonreír a veces, a dormir sin tus brazos,
donde me refugiaba, y sonreía soñando.

A ver pasar los días, sintiendo que me falta,
el calor de tu cuerpo, a no tocar tus manos,
igual que se acostumbra, la mañana de lluvia,
a no tener el sol, en un día nublado.

Me acostumbré a seguir, caminando conmigo,
sin tener el abrigo de tu andar a mi lado,
a no besar tus labios, a no mirar tus ojos,
con los que tú me hablabas sutil y enamorado.

Me acostumbré a no ser, la que un día había sido,
la que andaba confiada, con tu amor por el mundo,
no pensé que algún día las cosas cambiarían,
y que te perdería tan solo en un segundo.

Me acostumbré a quedarme prisionera en mi nido,
donde sin tu presencia recupero la calma.
Me acostumbré a vivir sin sentir el sonido,
de tu voz a mi oído, como arrullo de palma.

Pero es solo costumbre, porque aún no te olvido,
aunque tú te hayas ido, dejándome sin alma.

Mayra Castro

¿Qué me vas a decir?

¿Qué me vas a decir ahora que vuelves?
La fe, que te tenía la destruiste.
Te llevaste aquel día mi esperanza,
y me quedé llorando, sola y triste.

¿Qué me vas a decir que me convenza,
para que yo, perdone lo que hiciste?
si toda mi confianza traicionaste,
y no hay nada que logre redimirme.

Ya no puedo aunque quiera ser como antes,
de tu amor solo quedan cicatrices,
de aquel tiempo en que fuimos dos amantes,
hoy queda solo un árbol sin raíces.

Yo de mi corazón te di las llaves,
te metiste hasta el fondo, y yo te quise,
te acomodaste en todos sus rincones,
no te cobré la renta y me mentiste.

Te fuiste y te llevaste tu equipaje,
emprendiste otro viaje y me perdiste.
¿A qué vienes después que abandonaste,
el lugar donde fuimos tan felices?

Probaste de otra miel y te cansaste,
parece que después te arrepentiste.
Ahora, mi corazón tiene otro dueño,
las llaves que te di, no las quisiste,
hoy tengo un nuevo amor que sabe usarlas,
él, me ha dado el amor que no me diste.

Vivamos este día

Vivamos este día, sin pensar en mañana,
este día que comienza, con la complicidad,
de saber que aún podemos, amarnos hasta el alba,
mañana no sabemos que cosa pasará.

Vivamos lentamente, saboreando las horas,
que cada nuevo día sea una eternidad,
de dicha inagotable, de pasión y ternura,
que sea una aventura, que no acabe jamás.

Sonriamos cada día, al sol que nos alumbra,
caminemos despacio, por toda la ciudad,
bailemos por la noche, bajo la luna llena,
disfrutemos lo bueno que la vida nos da.

Olvidemos las penas y las desilusiones,
y tiremos al agua toda la adversidad,
seamos uno solo desandando la arena,
mirando las estrellas en su profundidad,

Hablemos de nosotros, que el mundo nada importa,
pues si estamos unidos, nos sobra lo demás,
solo tú y yo contamos los sesenta minutos
de cada hora, que falta para adorarnos más.

No pienses en mañana, cuando estés a mi lado,
vive el hoy, solamente y con intensidad,
que si acaso mañana, no estás o yo, me he ido,
el hoy, que hemos vivido nos pertenecerá.

Hoy descubrí

En un rincón de mi alma, anoche encontré un tesoro,
lo había escondido hace años, y ya lo había olvidado,
hoy haciendo un inventario, en ese desván sombrío,
donde acumulo recuerdos, felizmente lo he encontrado.

Descubrí, que aún guardo sueños,
ilusiones y esperanzas, que también tengo emociones,
que aunque estaban empolvadas,
las sacudí, y aún vibraban, porque no habían caducado,
solo han estado dormidas, en un baúl olvidado.

El amor se había ocultado, en un estante muy alto,
donde no podía alcanzarlo, hasta que al fin logré
hacerlo,
a su lado se encontraban el triunfo y el optimismo,
hace mucho los buscaba y nunca podía hallarlos.

También descubrí al anhelo y al interés por la vida,
estaban acurrucados y casi no pude verlos,
los llevé a un lugar más claro, le quité las telarañas,
y hoy relucen nuevamente y así quiero mantenerlos.

Tropecé con la alegria al borde de la escalera,
se iba como en huída, cuando logré retenerla,
también encontré aquel libro donde escribía poemas,
sus hojas estaban mustias pero he podido leerlas.
Hoy amanecí feliz, pues, sin querer he encontrado
la razón de mi existir, que ya se había marchado,
hoy tengo promesas nuevas, bajo este sol de verano,
las quiero vivir conmigo, porque ahora sé; que aún me
amo.

ilumináte con la luz, del alma"

Si me pides amor

Si me pides amor, debes tener paciencia,
cuando te abra mi puerta, encontrarás regados,
desencantos que un día, causaron desconsuelos,
dudas y sinsabores que una vez me dejaron.

Si te invito a pasar, discúlpame el reguero,
de recelo y temor que en mi alma quedaron,
continúan allí, no los he recogido,
he quedado sin fuerzas, y allí siguen tirados.

No te fijes si ves, regados por el suelo,
como hojas de otoño que el viento se ha llevado,
todas mis emociones, mis besos más sinceros,
mis abrazos más tiernos, que están desordenados.

Ayúdame si puedes, a limpiar mis tormentos,
a barrer de una vez, lo que un día me legaron,
agonías y penas, dolor y sufrimiento,
y ábreme las ventanas a la luz que han vedado.

Déjame el alma limpia de esos viejos amores,
que causaron dolor y a mi vida dañaron,
aún tengo el corazón, palpitando y sediento,
de encontrar un amor que lo intente a mi lado.

Hoy hablé con mi tristeza

Hoy hablé con mi tristeza, conversamos largo rato.
Le dije que hacía tiempo debía haberse marchado,
y mi tristeza me dijo ¡qué bueno que lo has pensado!
Yo, siempre he querido irme, pero tú, lo has evitado.

¿Te acuerdas cuando aquel día, encontraste en el
camino,
el amor que habías buscado, el que tanto habías
pedido? pensé que tú sufrimiento ya se habría detenido,
pero resultó inminente, que te habías confundido.

Otras veces he querido alejarme de tu vida,
dejarte el camino libre, de tormentos sin salida,
pero cuando estoy a punto, tú, me niegas la partida,
vuelves a amar nuevamente, y te causan otra herida.

No es que yo, no quiera irme, me respondió ya, afligida,
es que tú, no te das cuenta, que el amor se consolida,
no se ama ciegamente, tienes que tomar medidas,
amar solo a quien te ame, no amar sin que te lo pidan.

No te estoy recrimando, sé, que eres impulsiva,
si te enamoran el alma, tienes que estar convencida
de que ese amor corresponde, y no te sientas vencida,
cuando sepas que no has sido, tampoco correspondida.

Hoy hablé con mi tristeza; y me ha hecho un gran favor,
hizo que yo comprendiera, y pudiera ver mi error,
la despedí con ternura, me enseñó a darme valor,
aprendí a estar más segura, de a quién le entrego mi
amor.

ilumináte con la luz, del alma"

Hay penas

Hay penas que van al mar
y entre sus olas navegan,
se van lejos no se quedan
y nos dejan respirar.
Pero hay penas que ya son,
en nuestra vida cadenas,
que no se marchan,
se quedan, sin poderlas evitar.

Las penas son golondrinas,
que se anidan en las almas,
unas vuelan y nos salvan
de sufrir hondo penar.
Pero hay penas que no quieren
alejarse, porque han sido,
las que más hemos sufrido
y no nos quieren dejar.

Hay penas de agua y de sal
que se diluyen al viento,
nos pegan en un momento
y después dejan de estar.
Pero hay penas que guardamos
en nuestra piel, hace tiempo,
penas que son un lamento,
que no podemos callar.

"Cuando la oscuridad se cierna sobre ti,

Mayra Castro

Hay penas que son tormenta
donde todo se diluvia,
el cielo azul se nos nubla
no vemos la luz, del sol.
No hay días de resplandor
las madrugadas parecen
hojas, que al aire se mecen
provocándonos desvelos,
dolores y desconsuelos
que a veces, nos estremecen.

Otras penas aparecen
sin que nadie las espere,
las afrontamos; nos duelen
pero después son olvido.
En un tiempo las sentimos
y como las olvidamos
se van sin hacer reclamos,
se van como en un suspiro.

Penas de todos los días,
que llegan sin decir nada,
nos sacuden la mirada
y se van como han venido.
Pero las penas que un día,
en nuestro ser se quedaron,
nos dejan como legado
sufrimientos que han herido.

Y cuando ya desistimos
de sentirnos tan culpables,
de que siempre estén palpables
sin poderlas olvidar,
en vez, de hacerlas marchar
se nos hacen imborrables.

Ilumínate con la luz, del alma"

No siempre soy la misma

No siempre soy la misma, la que empaqueta sueños,
y se vuelve palabras que forman poesía,
la que lleva la risa como flor en los labios,
la que abre sus alas al color de la vida.

A veces soy la otra, la que se cae en pedazos
y los une de nuevo para no estar vacía,
hay días en que soy, como una rama rota,
que se cayó del árbol donde se sostenía.

Mis hojas se marchitan, ya no lucen tan verdes,
ni mis flores poseen el olor que tenían.
No siempre soy la misma, la que entona canciones,
la que le encuentra a todo, una simple salida.

La de ojos risueños y el corazón alegre,
esa que nunca llora y sus penas olvida,
a veces soy la otra, la de mirada triste,
la que muere de angustia, si se acuerda de amores,
que una vez, la dañaron y marcaron su vida,
y me siento perdida en un día sin soles.

Hay días en que tengo, más espinas que rosas
donde las emociones en el alma se anidan.

Hay días en que a solas, tengo que reinventarme
y coserme de nuevo esas viejas heridas...
que parecían curadas, pero que se reabren,
porque nunca cerraron del modo que debían.

Porque la vida es eso, caer y levantarse
alimentarse el ego y caminar erguida,
para seguir el rumbo sin detener el paso,
aunque luego te llegue, otra nueva caída.

Tu añoranza

Aún me quedan mariposas en el alma,
que se anidan, cuando tengo alguna pena,
en un lugar del pecho, que se empalma,
a la angustia, que me duele y me encadena.

Otras veces, vuelan libres como el viento,
se remontan, a parajes muy lejanos,
donde llega voraz mi pensamiento,
y hasta siento, que te toco con mis manos

Mariposas que surgieron de los besos,
que nos dimos y jamás serán borrados,
esos besos que han quedado como presos,
a tus labios a los míos aferrados.

Unas veces se te posan en la frente,
y las sientes como yo, revoloteando,
son los días que me tienes en tu mente,
porque sé que en nuestro amor, sigues pensando.

Pero hay días que se alejan de mi lado
no las siento palpitar en mis rincones,
se me queda el corazón desconsolado,
indolente de sentir más emociones.

Luego llegan cuando ya no las espero,
y a mi ser vuelve de nuevo la esperanza,
tú no sabes, ni imaginas que aún te espero,
que jamás pude quitarme tu añoranza.

En un tiempo creí

En un tiempo creí, que ya no había tiempo,
que ya estaba agotado, ese existir fecundo,
porque ya había vivido, y que estaba a destiempo,
de volver a sentir, y esta vez, más profundo.

Porque estaba apagada, y ya casi sin vida,
y aunque aún respiraba, vivía sin emociones,
no tenía interés, me encontraba perdida,
creí que nunca más, sentiría ilusiones.

Caminaba entre brumas, por un lugar desierto,
sin ver la luz del sol, y mi mar sin espumas,
parecía rendirse, al mirar el mañana,
donde no contemplaba, la luz del firmamento.

Pero un día llegaste, y cambiaste mi suerte,
comencé a ver el mundo, con un nuevo sentido,
Porque tú le trajiste, aromas diferentes,
a mi rosal que mustio, había languidecido.

Y mi vida antes gris, se vistió de sonrisas,
la cosecha en mi huerto, se llenó de retoños,
mis tristezas de ayer, se cubrieron de risas,
y florecieron rosas, en mi estéril otoño.

Comprendí que el amor, llega en cualquier momento,
que él no sabe de edad, porque nunca está inerte,
mientras exista vida, será mi complemento,
y me acompañará, hasta el día de mi muerte.

Estoy a la mitad

Estoy a la mitad de lo que pudo ser,
amando por amar, sabiéndote perdido,
en mi balcón azul, donde la soledad,
se yergue un poco más, cada vez que respiro.

No siempre he sido así, yo he sido claridad,
no sabía llorar, y mi alma estaba entera,
pero al marcharte tú, dejaste oscuridad,
en mis días de sol, de luz y primavera.

Quizás porque pensé, que no te ibas a ir,
nunca me preparé, para no sufrir tanto,
lo cierto es que hoy estoy, sin ganas de reír,
sumida en el dolor, sufriendo este quebranto.

Las noches me las paso, apenas sin dormir,
pensando que tal vez, me hagas algún llamado,
y vuelvas otra vez, a darme el corazón
y tiembles de emoción cuando estés a mi lado.

No sé qué pensarás, de nuestra situación,
no supe la razón por la que te alejaste,
pero por la intuición yo pude comprender
que me amaste también, y creo que demasiado.

Tal vez, porque no supe, decir lo que sentía,
pensaste que no había, química entre los dos,
y debo confesar que tampoco sabía,
que si te ibas perdía, lo más que amaba yo.

Hoy, en mi soledad te quisiera decir,
que no puedo seguir sintiéndome perdida,
que tuve que esperar que quisieras partir,
para poder sentir que eras todo en mi vida.

Si pudiera

Si tuviera las fuerzas para ahuyentar mis miedos,
para irme a la playa, aunque fuera de noche,
para bailar un tango en plena madrugada,
y estrenar en la arena, mi vestido de noche.

Si pudiera en resumen, espantar mis recuerdos,
y acostarme en el césped, bajo la luna llena
y después caminar por las calles vacías,
y me alumbre el camino un puñado de estrellas.

Si pudiera me iría, a algún rincón del mundo,
donde no recordara como hoy tu presencia,
y no se hicieran huecas estas horas tardías,
en que mi ser exige junto a mí, tu presencia.

Si pudiera borrarte yéndome a una cantina
y beberme mil copas, para al fin olvidarte,
y recorrer la acera desde el bar a la esquina,
saturada en tequila para no recordarte.

Si pudiera dormirme y no soñarte tanto,
ni contemplarte en sueños, envuelta en tu mirada,
y cuando me despierte sentir que estás conmigo,
que no te fuiste nunca, que estoy equivocada.

Si te olvidara al menos un instante tan solo,
si no te viera en todas, las cosas que yo miro,
si no sintiera que eres, del todo indispensable
para calmarme el alma cada vez que respiro.

"Cuando la oscuridad se cierna sobre ti,

Si pudiera escaparme, de mi ser un momento
y alejada del mundo encontrar algún sitio,
donde no te pensara, ni quisiera buscarte,
y mis días no fueran de dolor infinito.

Pero yo sigo aquí, en nuestro cuarto a solas,
mirando aquel reloj que una vez me alegraba,
cuando con su tic tac, anunciaba las horas,
en que te amaba tanto, hasta quedar cansada.

Si encontrara las fuerzas para huir de este hastío, si yo
pudiera al menos, quitarme la impaciencia,
de seguir esperando esta noche de frío,
que vuelvas y me salves de esta cruel impotencia.

Ilumínate con la luz, del alma"

Dicen por ahí

Dicen por ahí, que no lloro nunca,
que nunca he tenido, días de tristeza,
que yo no he sufrido, que soy como brisa,
que río de día, y hasta que amanezca.

Dicen que he vivido, sin tribulaciones,
que mi vida ha sido, un lecho de rosas,
que he ganado siempre, que nunca he perdido,
que todas mis horas, son maravillosas.

Dicen por ahí, que nunca he sentido,
ni penas, ni angustias, que soy como el aire,
que siempre en mi ser, solo dicha ha habido,
que voy por el mundo, con garbo y donaire.

Se observa a las claras, que no me conocen,
hablan por hablar, sin saber mi historia,
no tengo por qué, dejar que se esbocen,
las lágrimas negras, que hay mi memoria.

El mundo no sabe, de mi sufrimiento,
de mis penas hondas, y mis malos tragos,
de mis agonías, que a nadie les cuento,
ni de mis tormentos, tan negros y aciagos.

Yo muestro la cara, que quiero que vean,
de rostro sereno, y de hablar pausado,
a nadie le digo, que en mi alma golpean,
terribles heridas, que no me han sanado.

Solo a mis amigos, les he dicho algo,
de las desventuras que a mí me han pasado,
pero solo un poco, no quiero angustiarlos,
y sonrío diciendo, que ya lo he olvidado.

Ilumínate con la luz, del alma"

Te amaré

Te amaré donde los sauces acarician a la luna,
en las horas nocturnales de un día del mes de abril,
en las áridas arenas donde se forma la duna,
como solo yo sé hacerlo, con mi cariño sutil.

Porque llegas y me siembras mariposas en el alma,
porque llenas de colores, mi luz si ha palidecido,
y me contagias la paz, de un mar sereno y en calma,
si me invade la nostalgia, cuando algo me ha
entristecido.

Porque me llenas la vida, de alegría y emociones,
porque me das fortaleza, y renuevas mi esperanza
porque pones como nadie, melodía a mis canciones,
y me devuelves entero, el candor de mi confianza.

Porque el olor de claveles, con que perfumas mis labios,
se me ha hecho necesario, y aromatiza mis días,
porque siento que se me hacen, en el pecho relicarios,
donde guardo tus caricias que se vuelven poesías.

Te amaré en los confines, de los mares y los ríos,
en el rocío de los lirios, donde renacen las rosas,
en el espacio infinito, donde florece el estío,
y relucen con más brillo, las alas de mariposas.

Te amaré sobre montañas, sobre mesetas y cumbres,
donde no lleguen los ruidos, del mundo que nos
circunda,
donde el sol del horizonte, se vuelve rojo en la cumbre,
donde proyecta la noche, su oscuridad más profunda.

"Cuando la oscuridad se cierna sobre ti,

Te amaré como luciérnagas, que titilan en los montes,
te amaré como gorriones, que regresan a su nido,
te amaré allá, donde el cielo se pierde en el horizonte,
te amaré con toda el alma, y con mis cinco sentidos.

Llegaste a mi vida

He dejado de llamarme desencanto,
desde que tu verdad llegó a mi vida,
y me nutre tu mirada como un canto,
que me salva y va curándome la herida,

esa herida que dejaron otros cuerpos,
que llegaron antes que te conociera,
y causaron dolores milenarios,
que pensé que nunca más se detuvieran,

me sembraste azucenas y gardenias,
donde antes solo había un mar desierto,
me cubriste de rosas y jasmines
mi balcón ayer cubierto de lo incierto,

me mostraste el lado oculto de la luna,
donde habita el manantial de la confianza,
desterraste de mi ser, la desventura,
perpetúando para siempre nuestra alianza.

Invadiste de aurora el firmamento,
donde mi corazón yacía apenado,
y tejiste con tus manos mi universo,
que hoy renace a la vida enamorado,

provocaste un revuelo en mis arterias,
donde solo vacío había quedado
y cambiaste mis lágrimas tan negras,
por sonrisas que me apartan del pasado,

"Cuando la oscuridad se cierna sobre ti,

me trajiste remolinos de esperanzas,
auyentaste mis fantasmas y mis miedos,
me impregnaste la piel de tu fragancia,
y pusiste en mis noches terciopelo,

me cubriste con tu manto de ternura,
y se fueron para siempre mis desvelos.
Hoy me siento paloma entre tus brazos,
donde puedo sentir que toco el cielo.

Esperanza

Estoy cansada ya, de fingir que te olvido,
y sigo navegando en este mar candente,
con la sonrisa triste, y el corazón herido,
nadando entre las aguas, que arrastra la corriente.

Donde quiera que voy, nunca te siento ausente,
estás onmipotente, y desnudas mis sombras
cuando pienso en tu luz, que ilumina mi frente,
y me apego a creer, que en tu mente me nombras.

En noches apacibles, en el azul del cielo,
contando las estrellas, donde mi vista alcanza,
presiento que tal vez, terminará este duelo,
y siento regresar, de nuevo la esperanza.

Voy apostando al sol, aunque la noche oscura,
me envuelva en la penumbra, con su gemir cansado,
me aferro a la ilusión, esa que al alma cura,
de que quizás un día, te tenga aquí a mi lado.

En el desierto muerto, en quedó mi alma,
a veces aparece, un hálito de vida,
que llena mi interior, con una dulce calma,
y renace la fe, que ya creí perdida.

Y vuelvo a suspirar, con mi suspiro al viento,
presiento que vendrás, que no querrás perderme,
puede ser que me tengas, atada al pensamiento,
y que tal como ayer, tú desees tenerme.

"Cuando la oscuridad se cierna sobre ti,

Mayra Castro

Hoy es un día de esos

Hoy es un día de esos,
que necesito verte,
saber de ti, saber si todavía mi recuerdo
produce mariposas en el alma,
si al oír nuestra canción favorita,
te llenas de nostalgia.

Si has podido encontrar
la felicidad en otra parte,
porque sé, que a mi lado, la conociste,
la tuvimos entre las sábanas,
que se quedaron con las ganas
de destapar nuestros cuerpos,
en el café adictivo de las mañanas,
en los columpios de los parques,
donde nos mecíamos y reíamos como niños
que juegan y se niegan a crecer.

En las caminatas que hacíamos juntos,
tomados de la mano, sintiéndo el viento,
batiendo, como si quisiera
elevararnos sobre las nubes.

Hoy es uno de esos días,
en que todo me sabe a ti,
huelo tu perfume, veo tu sonrisa,
saboreo el deseo de tenerte,
y sin tenerte te tengo,
te siento, te acaricio, te escucho
en el sonido del silencio.

Ilumínate con la luz, del alma"

Hoy me desperté,
con tu nombre enredado en mis labios,
con ganas de descifrar
cada uno de tus secretos,
de descubrir el color de tus sueños,
y volver a sentir el calor de tu mirada,
me he quedado en la cama un poco más,
que de costumbre, abrazando tu almohada,
reinventándote en este espacio que dejaste vacío,
contándole fábulas a mi soledad.

Hoy es uno de esos días,
en que me haces tanta falta,
que no logro saber si el tiempo está nublado,
o si es que no diviso la claridad del sol
y quisiera saber, si alguna vez,
te ha pasa lo mismo, y te quedas así...
perdido en los recuerdos,
a veces tan nítidos,
que pareciera que puedo tocarte,
otras borrosos, indefinibles,
que llegan y se van,
pero que cerrando los ojos los puedo ver ahí
y mi mente, dibuja tu rostro, y me veo junto a ti,
abrazados, sonrientes, tan lejos de la indiferencia
que ahora se empeña en permanecer
habitando entre los dos.

"Cuando la oscuridad se cierna sobre ti,

Almas libres

En el espacio azul del firmamento,
cuando ya las estrellas se han dormido,
se esparcen como aromas en el viento,
las notas celestiales de un sonido.

Y todo se detiene de momento
hay calma en el cielo adormecido,
las voces se quedan sin aliento,
mirando al horizonte estristecido.

Se escuchan los ecos plañideros
que emiten las ánimas errantes,
que deambulan por todos los senderos,
donde antes vivieron; anhelantes

Las almas que aquí se han condenado,
se quieren marchar al paraiso,
las puertas del olimpo no han cerrado,
y desean volar sin un permiso.

Pretenden recorrer la travesía,
sin que alguien interrumpa su destino,
hastiadas de pasar por la agonía
de andar por un camino peregrino.

Se sienten como angeles caídos
y quieren llegar a lontananza,
allá donde no sean prohibidos
los sueños, el amor y la esperanza.

ilumináte con la luz, del alma"

Los mejores amantes

Sé, que ya lo he vivido...quizás en otra vida;
tal vez, en algún sueño, que tuve y no recuerdo...
pero ya tú, has venido a recorrer mi espacio,
como un sol de verano, en el más frío invierno.

Te conozco de un sitio, quién sabe imaginario,
pero has estado inmerso en mis horas de hastío,
cuando me siento sola, y te escucho nombrarme,
pronunciando palabras de pasión a mi oído.

No sé, si es consecuencia de un mundo paralelo,
en el que tú, te encuentras y a veces me visitas,
pero yo, te he sentido sensible, inagotable,
silente en mis desvelos de noches infinitas.

Ya has estado conmigo en múltiples momentos,
refugiado en mis brazos, te he sentido tan mío...
Me has dado tus caricias que robaron mi alma,
he sentido a tu lado lo que no conocía.

He sentido tus besos palpitar en mis labios,
me has dado tu calor de forma voluptuosa,
y amándonos miramos las lumbres del ocaso,
cuando encienden de rojo, hasta la última rosa.

Te he contado mi vida, me conozco la tuya,
nos hemos embriagado de un amor desbordante,
he contemplado el mundo a través de tus ojos,
me has dado tu pasión en mágicos instantes,

Mayra Castro

Aunque en el día de hoy, nos hemos conocido,
y no tengan sentido mis palabras de antes,
me sigue pareciendo cada vez que te miro,
que en un tiempo hemos sido, los mejores amantes.

Aquella mirada

Bendita coincidencia, tus ojos y los míos;
serenos se miraron y desde aquel instante.
Ya nunca volví a ser, la que un día que había sido,
ni tú volviste a ser, tampoco el mismo de antes.

Fue mágico lo sé, y aunque nunca he creído,
ni en magias, ni en conjuros, ni en fuerzas hechizantes,
quedaron mis pupilas, prendidas a las tuyas,
se hicieron los minutos, del todo fascinantes.

Y desde aquel momento, se unieron nuestras vidas,
tú, me querías contar, cosas de tu pasado,
yo, no quise saber, si antes habías querido,
yo quise ser feliz, teniéndote a mi lado.

Desde que te miré, supe que te quería,
supiste que el amor también te había llegado,
nos dejamos llevar por nuestros corazones,
que desde ese momento quedaron hechizados.

Pudiste ver que yo, era tu complemento
y yo supe que tú, eras lo que buscaba.
Has encontrado en mí, la mujer de tu vida,
y yo, he encontrado en tí, al hombre que buscaba.

El que me da pasión en la justa medida,
yo, tengo para ti, el alma consagrada,
hasta el día de hoy, nos hemos comprendido,
porque emprendimos juntos, un viaje a la alborada,
viajamos sin boleto hacia el mismo destino,
pues, nuestro amor surgió en aquella mirada.

Mayra Castro

Nuestras almas

He encontrado una carta con tus letras escritas,
de hace ya algunos años, y volví a recordarte.
me provocó unas ganas de llorar infinitas,
porque creí que había logrado ya olvidarte.

La leí lentamente, recostada en la cama,
la misma en la que un día, estuve entre tus brazos,
las lágrimas corrieron y regresé a ese día,
en que tú desunías por siempre nuestros lazos.

¿En qué lugar del mundo te encontrarás ausente?
de mis besos ardientes y mis caricias suaves,
porque estoy convencida que allí donde te encuentres,
recordarás lo nuestro con todos sus detalles.

Tú sabes que aunque el tiempo veloz haya pasado,
y tú vivas con otra, y alguien esté a mi lado,
ni yo podré borrarte jamás del pensamiento,
ni tú podrás negar que solo a mí has amado.

Porque hicimos un pacto que no podrá romperse,
uniéndo aquella noche nuestras almas en una,
juramos que sería nuestro amor para siempre
y sirvió de testigo la majestuosa luna.

Y aunque nunca regreses a mi vida de nuevo,
nuestras almas se buscan y se encuentran a solas,
en el espacio viajan para verse a escondidas,
en el azul del cielo y en el mar con sus olas.

Ilumínate con la luz, del alma"

Por siempre llevaremos nuestros nombres escritos,
en nuestros corazones como las caracolas,
que proyectan las almas según dicen los mitos,
hacia el vasto universo, donde las almas moran.

"Cuando la oscuridad se cierna sobre ti,

Mis manos

Mis manos tienen ansias de estar entre tus manos,
y vuelan como alas, navegan en el viento,
mis manos se quedaron, vacías sin las tuyas,
y palpan los caminos, buscándote en el tiempo.

Ajenas a mi cuerpo, se vuelven mariposas,
gaviotas en la tarde, recorren todo el cielo,
y gélidas de frío, urgentes de tu fuego,
tiritan en las noches, en las que desvarío.

Mis manos como yo, necesitan tocarte,
poder acariciar tus cauces y tus ríos,
estrujarte la piel, mecerte los cabellos,
sentir tu corazón, que una vez fuera mío.

Ausentes de tu cuerpo, no son las mismas de antes,
ya no tienen la fuerza, que un día habían tenido,
parecen marchitarse, sabiéndote distante,
y están tan desoladas como yo en este hastío.

Mis manos se resisten, a no palparte el alma,
a no tocar tu boca, a no tener tu abrigo,
parecen golondrinas, muriéndose en la nada,
tristes y abandonadas, porque no estás conmigo.

ilumináte con la luz, del alma"

Invítame a un café

Invítame a un café, no tengas miedo,
lo nuestro hace ya tiempo terminó,
no te voy a pedir que regresemos,
yo sé, que terminar fue lo mejor.

Pero aún quedaron cosas por decirte,
mi vida te la dí sin condición,
mas nunca yo, habré de arrepentirme,
lo que viví a tu lado me enseñó.

Quizás creíste que iba yo, a morirme,
pensaste que tu adiós, me destruyó,
pero ya ves, estoy tan diferente,
que al encontrarnos hoy, te sorprendió.

Después que me dejaste, me repuse,
cambié por alegría mi dolor,
y sola me curé las cicatrices,
entonces, comencé a darme valor.

He hecho algunos cambios en mi aspecto,
hoy tengo una figura más sensual,
voy caminando erguida por las calles,
y los hombres voltean al pasar.

De ti yo, te lo juro ¡ni me acuerdo!
hoy tengo tantas cosas para dar.
Me hiciste un gran favor con alejarte,
sin ti, volví de nuevo a comenzar.

Perdón; estoy hablando de mis cosas,
y a ti, no te he dejado contestar,
pero veo que tus ojos se han nublado,
y me miras con ganas de llorar.

En el bolso yo, tengo mi pañuelo,
si quieres te puedes enjugar,
las lágrimas que corren por tu cara,
no tuve que volverlo a utilizar.

Eso era lo que yo, quería decirte,
se ha enfriado el café, pero da igual,
ya me tengo que ir, ha sido un gusto
tomarnos un café y conversar.

Mi ángel

Sé que estás allí, donde más reluces,
en el resplandor, de las noches bellas,
convertida en ángel, que esparce sus luces,
en las noches claras, cuajadas de estrellas.

Me llega la luz, de tu aurola blanca,
que ilumina toda, la faz de la tierra,
y el hondo dolor, de mi ser se arranca,
cuando siento el canto, que tu voz encierra.

Recorres de noche, danzado los cielos,
con tu cara linda de amor y esperanza,
brindándole a todos, candor y consuelos,
quitándo del mundo, la desesperanza.

A veces regresas, como una paloma,
te posas callada, sobre mis ventanas,
y siento que el sol, a mi alma se asoma,
esparciéndo aromas, en horas tempranas.

Un día estaré, donde tú te encuentras,
nos despojaremos, de las añoranzas
en el infinito, donde te concentras,
junto al Dios bendito de las alabanzas.

"Cuando la oscuridad se cierna sobre ti,

Depresión

Me siento naufragar entre borrascas,
la oscuridad terrible está presente,
se apodera el siniestro de mi mente,
oigo gritos de horror en hojarascas.

No siento ni la lluvia que me empapa,
dejando en mis cimientos convulsiones,
carente de sentir y de emociones,
la sangre de mis venas se destapa.

Presagios de chirridos que me auguran,
las voces de las sombras con sonidos,
martirios que atormentan mis oídos,
agonizan mi cuerpo y lo torturan.

Inhóspito lugar donde los sueños,
se vuelven como dagas que envenenan,
un sin fín de demonios me condenan,
no se ve claridad en los ensueños.

Agobios que se me abren cuál compuerta,
como barco que se hunde en alta mar,
de vez en vez; ahí me hacen regresar,
al lugar donde siento el alma muerta.

ilumináte con la luz, del alma"

Les quiero confesar

Hoy quiero detenerme en el camino,
porque algo les quiero yo contar,
por las dudas que alguien ha sentido,
hoy mi vida les quiero confesar.

Confieso que entre penas he vivido,
conteniendo las ganas de llorar,
aunque parezca a todos que yo he sido,
cascabel y guitarras junto al mar.

Les diré que también me he enamorado,
que he pasado momentos muy felices,
que no siempre el destino se ha enseñado,
y que solo he tenido tiempos grises

Confieso que me gustan las diademas,
pero prefiero las cosas más sencillas,
disfrutar de las letras de poemas,
caminando la playa y sus orillas.

Confesaré también, que me han herido,
que he tenido que ser fuerte a la fuerza,
que he confiado de más, y me han mentido,
que a veces he perdido mi entereza.

Pero quiero contarles que aún me quedan,
deseos de seguir siempre adelante,
sin mirar nunca atrás, lo que he sufrido,
tratando de salir un día triunfante.

Que mis errores hoy, los he olvidado,
que si me caigo, trataré de levantarme,
porque los golpes ya me han enseñado,
que tengo mil razones para amarme.

Algo

Yo sé que existe algo, que me motiva al verte,
algo que me domina y no puedo evitar,
no sé si son tus ojos, de ese color tan verde,
o si será tu boca y tu forma de hablar,

es algo diferente, lo que siento contigo,
cuando estás a mi lado, y me siento vibrar,
en las fibras profundas, del centro de mi alma,
a donde nunca nadie, ha podido llegar,

por ese algo que siento, y que aún no comprendo,
me quedaría por siempre oyéndote reír,
porque tu risa tiene, la cualidad de hacerme,
contagiar al momento, y me hace sonreír,

quisiera explicaciones, para entender ese algo,
que siento cuando llegas, y que jamás sentí,
ese algo inexplicable, que me seduce y calma,
algo que nunca antes, yo creo que lo viví.

Canto a la vida

¿Cuántas cosas perdí? Ya no recuerdo,
en mi camino voy, siempre soñando,
solo puedo decir, que sí me acuerdo,
que nací para amar, y sigo amando.

De mentiras y engaños, me llenaron,
pero siempre he seguido alimentando,
mis ansias que jamás me las quitaron,
amores que en el tiempo fui encontrando.

He pasado en mi vida muchas cosas,
errores que quizás pude evitarlos,
y me han hincado espinas entre rosas
que con el tiempo he podido superarlos.

He estado a veces triste y angustiada,
otros días despierto, tarareando,
la gente que me ve, no sabe nada,
porque rio entre lágrimas llorando.

De aquello que hice mal, no me arrepiento,
pues debo superar cualquier fracaso,
si gané o si perdí, no me lamento,
hacerlo ya no tiene ningún caso.

La vida siempre es bella aunque parezca,
que la tristeza al alma va ganando,
si hoy el cielo está gris; cuando amanezca,
la claridad del sol, lo irá alumbrando.

ilumináte con la luz, del alma"

Las razones de mi amor

Tus ojos; magia encendida
tu sonrisa mañanera,
tus besos y la manera
en que me abrazas dormida.
La fe que das a mi vida,
tu forma de acariciarme
tu sutileza al tocarme
lo que yo siento contigo,
tu cuerpo donde me abrigo
y tu verdad al amarme.

La pasión al entregarme
tus caricias y tus ganas
tu café por las mañanas,
tu elocuencia para hablarme.
Esa forma de mirarme
tu lujuriosa locura,
bellas noches de aventura
que me das sin pedir nada,
el brillo de tu mirada
tu luz que el alma me cura.

"Cuando la oscuridad se cierna sobre ti,

Tu manifiesta ternura
si acaso tengo algún duelo
y tus noches de desvelo
si una pena me tortura.
Tu constancia y tu dulzura
cuando me aqueja un dolor
tu inigualable valor
tu fuerza, tus emociones
tu vendaval de pasiones
tu humanidad, tu fervor.

El ingenio creador
que tienes para hechizarme
tu voluntad de brindarme
el brillo de tu esplendor.
El agradable calor
que me das si tengo frío,
en esos días de hastío
en que me siento apenado
y te quedas a mi lado
para llenarme el vacío.

Tu corazón que ya es mío
porque así me lo demuestras
cuando cambias mis tristezas
y entre tus brazos me río,
Tu emoción y desvarío
cuando te das sin pudor
y me expresas con candor
tus genuinas reflexiones,
son solo algunas razones
por las que te quiero, amor.

Costumbre

Sé que estás allí, viajero del tiempo,
de algún pensamiento furtivo que tengo,
a veces te sueño y a ratos recuerdo,
que tengo costumbre de estar en tu cuerpo.

Que mis manos vuelan para acariciarte,
en el suave roce de un objeto tuyo,
que dejaste un día mustio y olvidado,
igual que olvidaste mi más puro sueño,
que intento mil veces, dejar de pensarte
pero, aun sin quererlo ¡llega tu recuerdo!

De mi pensamiento emana tu imagen,
porque juega bromas y me salva a veces...
porque cuando pienso que estás de regreso,
siento que mi cuerpo de nuevo florece.

Es solo un instante porque cuando noto,
que solo en mi mente tengo tu silueta,
mis ríos, se inundan de un agua salada,
y se ahogan de pena todos mis cipreses.

Precursor del viento recorriendo auroras,
que a mis días llegan entre luz, y sombra
que hacen que reviva los íntimos lazos,
que una vez unieron dos almas en una.

Ladrón de mis noches, de mi mar en calma,
cuando los silencios, se me vuelven bulla
y los remolinos de tantos recuerdos,
lo revuelven todo y vuelvo a ser tuya.

Por esta sola vez

Por esta sola vez, voy a contarte,
lo hondo que aún me lates en el pecho,
que todavía no logro yo, olvidarte,
y aún siento golondrinas en mi lecho.

Que cada día busco tu mirada,
a solas, mirándome al espejo,
y creo ver que el alma se te asoma,
como una remembranza de misterio.

En el viejo baúl de los retratos,
como si fueran secuencias de un reflejo,
me vienen a la mente los detalles,
de cosas que vivimos hace tiempo.

Te siento respirar mi mismo aire,
se impregnan de tu aroma mis deseos
Dejando tu perfume de jasmines
en todos los rincones de mi cuello.

Tu imagen palpitante entre mis brazos
las horas de pasión y aquellos besos,
que aún siento quemantes en mis labios,
y se meten febriles en mis sueños,
inundando de placeres cada espacio,
y exploran cada poro de mi cuerpo.

ilumináte con la luz, del alma"

Tus ojos que se posan en los míos
llevándome a la hoguera de tu fuego,
tus manos que parecen mariposas
me envuelven sin reposo con sus vuelos.

No sé, si habrás podido tú, olvidarme
yo, pienso que no has podido hacerlo
por esta sola vez, voy a contarte
porque un día, tenías que saberlo.
más no quiero jamás volver a verte,
tu amor solo lo guardo en el recuerdo.

"Cuando la oscuridad se cierna sobre ti,

Te extraño

Te extraño en cada rincón
donde tejíamos sueños,
y recuerdo tus empeños
en hacerme una canción,
tu sublime inspiración
para expresar sentimientos
los fascinantes momentos
que pasabas a mi vera
la subyugante manera
de darme besos sedientos.

Recuerdo los juramentos
que tú me hiciste aquel día,
que por siempre viviría
dentro de tus pensamientos
que no habría impedimentos
para dejar de adorarnos,
que decidimos amarnos
por toda la eternidad
con un amor de verdad
para nunca separarnos.

Pero ya ves, nuestras vidas
van por rumbos diferentes,
y tus palabras latentes
me torturan como heridas
aunque sé que no me olvidas
Que como yo no has podido
Olvidarme y has sufrido
tienes miedo de volver
y que se vuelva a romper
nuevamente nuestro nido.

Pero te sigo extrañando
veinticuatro horas al día,
añoro tu compañía
porque aún te sigo amando,
no sé en verdad, hasta cuándo
voy a soportar tu ausencia
me llenaré de paciencia,
hasta ver si te decides
porque yo sé que tu sigues
necesitando mi esencia.

"Cuando la oscuridad se cierna sobre ti,

Mayra Castro

Mi eterno amor

Mi eterno amor; poesía
sincera amiga del alma,
contigo llega la calma
cuando te escribo en el día.
Eres mi luz, mi alegría
sin ti la vida, no es nada,
contigo estoy confinada
a seguirte hasta la muerte,
y yo he tenido la suerte
de que hayas sido creada.

Te siento en la madrugada
y cuando está amaneciendo
en una noche lloviendo,
y también en la alborada.
Tengo el alma iluminada
pues con tu luz me sostienes
a mi cerebro mantienes
constantemente ocupado
estaré siempre a tu lado
porque a mi verso te avienes.

Con esa fuerza que tienes
para decir lo que siento
expreso mi sentimiento,
y el sentir de otras personas.
Eres fiel y no abandonas
a seres enamorados,
que en tí se ven reflejados
cuando alguna letra al viento,
define su sufrimiento
si se sienten olvidados.

Otras veces tu alegría
nos atrapa y nos envuelve
en una magia que absuelve
porque tocas corazones.
Con tu clamor de emociones
de amor o de desencanto
cubres con tu himno de encanto
a toda la humanidad
tú eres la felicidad
cuando se entona tu canto.

"Cuando la oscuridad se cierna sobre ti,

Mayra Castro

Tenía el alma rota

Tenía el alma rota, cayéndose a pedazos,
pensé que nunca más podría alzar el vuelo,
me encontraba en el suelo, sin poder levantarme,
y en mis noches oscuras no alumbraba un lucero.

Creía que ya el mundo no tenía sentido,
que para mí la vida había terminado,
porque sentía un vacío, donde antes estaba,
mi corazón henchido de emoción y revuelos.

Era tanta mi angustia que no podía siquiera,
poder mirar mi entorno, ni tu mirar callado,
no vi que tu sonrisa lo iluminaba todo,
cuando me saludabas, con gesto enamorado.

Detenida en el tiempo, como un reloj sin hora,
como algún almanaque que nadie deshojaba,
así vivía sumida, en total desconsuelo,
sin ver pasar los años, sin importarme nada.

Hasta que un día te ví, mirándome de frente,
y te miré a los ojos, y descubrí que existo,
y desde aquel instante, terminó mi tormento,
y pude ver el mundo en un tono distinto.

Tú me diste esa fuerza, que yo necesitaba,
porque ví en tu mirada una luz, diferente,
la que todo lo cura, porque está iluminada
con destellos de soles profundos; transparentes.

Ilumínate con la luz, del alma"

Me enamoraste el alma, de una forma inminente
¿Cómo pude no verte? Si te tenía a mi lado,
perdóname si a veces te traté indiferente,
no sabía que eras lo que tanto he soñado.

Mayra Castro

Las letras de tu nombre

Las letras de tu nombre circulan por mis venas,
transitan por mi sangre, cúal potente volcán.
a veces me parecen, tranquilas y serenas,
y a ratos me estremecen, con fuerza de huracán.

Están en mi memoria, grabadas como un grito,
como torrente lluvia, que no quiere parar,
y como golondrinas, volando al infinito,
tu nombre es como un rito que emito sin cesar.

Tu nombre se ha grabado, en el fondo de mi alma,
lo repito mil veces y conmigo no estás,
yo quisiera decirlo, a tu oído con calma,
pero sigo esperando, no sé si volverás.

Si volvieras un día, diré tu nombre amado,
como un susurro leve o con intensidad,
mientras tanto lo tengo en mi mente guardado,
acompañando siempre mi triste soledad.

Amores como el nuestro

Inmersa en los recuerdos de tiempos ya vividos,
que como golondrinas se empeñan en volver,
llegan a mi memoria momentos que dormidos,
ocultos en mi mente vuelven a renacer.

Amores como el nuestro no pueden olvidarse,
se quedarán por siempre presente entre los dos,
aunque no estemos juntos no logran separarse,
por más que lo intentemos nunca dirán adiós.

Aunque quiera engañarme, sé que siempre te espero,
pues creo en las palabras que dijiste al partir,
que no me olvidarías que yo era lo primero,
y que regresarías para juntos vivir.

No te niego que a veces, olvidarte he querido,
y he buscado otro abrigo con ansias de olvidar,
siempre pasa lo mismo, olvidar no he podido,
y sé que tú tampoco lo has podido lograr.

Porque muy bien sabemos, lo que los dos sentimos,
que aunque no estemos juntos nuestro amor sigue igual,
que inevitablemente cuando nos conocimos,
supimos que lo nuestro no tendría final.

Nostalgia

Hojas muertas de otoño hoy tengo en la mirada,
nostálgicas secuencias que aún viven en mi ser,
al declinar la tarde son como campanadas,
que escucho aletargada y me hablan del ayer.

Promesas incumplidas y aquel beso olvidado,
pasajes imborrables de un tiempo que un día fue,
pero quedó en mi vida como un dulce legado;
de un amor confinado al que yo me entregué.

No sé si todavía, él sea el mismo de antes,
tampoco si esta noche quiera verlo otra vez,
pero aún yo recuerdo sus gestos fascinantes,
caricias que me hicieron amar con avidez.

Quizás algunas veces contemplando un lucero,
recuerde cuando fuimos dos seres que el azar,
nos hizo caminar muy juntos el sendero,
para vivir los sueños que tiramos al mar.

El crepúsculo duerme; las luces ya se han ido,
una lágrima siento, de mis ojos caer,
contemplando en mi mente aquel amor perdido,
que se fue aquella tarde para nunca volver.

Olvido

Absorta en el embrujo del nocturnal aroma,
he pensado en tu ausencia, sin quererte pensar,
y sentí como el alma se me volvió paloma,
y surcando el espacio te quiso ir a encontrar.

En un claro de luna presentí tu sonrisa,
y mi espíritu inquieto voló para besarte,
pero se fue tu imagen, como se va la brisa,
te busqué en todas partes, y no pude encontrarte.

Más recordé de pronto que ya no me querías,
que te fuiste aquel día sin una explicación,
las estrellas del cielo me parecieron frías,
y escuché el triste canto de la desolación

Desde aquel mismo instante, que me sentí perdida,
como aquel caminante cansando de vagar,
aparté tu recuerdo constante de mi vida
Y me juré olvidarte para recomenzar

He aprendido a quererme desde esa misma noche,
en que mi pensamiento quiso estar junto a ti,
me perdoné a mi misma por todo aquel derroche,
de pasión y ternura que una vez te ofrecí.

Se liberó mi angustia, y descubrí que puedo
apartar de mi mente todo lo que te amé,
porque a pesar que un día te quise con denuedo,
hoy renazco de nuevo porque al fin te olvidé.

"Cuando la oscuridad se cierna sobre ti,

Mayra Castro

Romance de amor

El suave destellar de las estrellas,
titilan esta noche enamorada
bajo el embrujo azul de tu mirada,
las cosas se me hacen aún más bellas.

Y como golondrinas se han posado,
tus ojos reflejándose en los míos,
no hay dudas de que ya no más hastíos,
porque tus dulces labios me han besado.

En el cielo la luna se ha dormido,
hoy todos los luceros aparecen
las hojas de los árboles se mecen,
el aire en su vaivén las ha batido.

Mis ojos en los tuyos resplandecen,
las olas en el mar están serenas,
unidos caminamos las arenas
y un bando de gaviotas aparecen.

Muy juntos nuestros cuerpos se estremecen,
ya casi nos sorprende la mañana
amándonos a esa hora tan temprana
el mundo y su confín, nos pertenecen.

Ilumínate con la luz, del alma"

Juramento de amor

Una vez me juraste temblando entre mis brazos,
que siempre me querrías que yo era tu obsesión,
me diste mil caricias, mil besos mil abrazos,
haciendo que te amara con toda mi pasión.

Pero al pasar el tiempo tu amor se fue apagando,
como una frágil hoja que el viento se llevó,
y al perder tu cariño yo me quedé llorando,
al transcurrir los años mucho más te amé yo.

Como una mariposa volando entre mis flores,
llenaste de colores mi luz primaveral,
ahora en el ocaso se han ido los fulgores,
y de ocre se ha cubierto mi rosal otoñal.

Seguiré mi camino entre flores y espinas,
remaré sobre mares sin pensar en mi ayer,
volaré sobre el cielo como las golondrinas,
que despegan su vuelo para nunca volver.

Quieres regresar

Que quieres regresar, hoy me pediste,
porque nunca has podido tú, olvidarme,
viniste en este día para hablarme,
que después de partir, te arrepentiste.

A ti, no te importó cuando te fuiste,
que con nada podía consolarme,
te llamé y no quisiste contestarme,
a mi alma, la dejaste mustia y triste.

Esa noche parece que olvidaste,
que juré, nunca más volver a amarte,
ya no quiero ni verte ni escucharte,

Llorando mi dolor, me despreciaste.
No sentiste piedad y te alejaste,
mi pobre corazón lo lastimaste.

Muy poco te dolió, tú, me dejaste,
sabiendo que vivía para amarte,
si querías mi olvido ¡Lo lograste!

Aunsencia

Ausente de mi misma, como niebla apagada,
así yace mi alma, moribunda y perdida,
por causa de un amor, que cual filosa espada,
hirió mi corazón, y me dejó sin vida.

Y siento que no estoy, que quizás haya muerto,
aunque veo del sol, sus rayos ya marchitos,
puede ser que me fuera, y me encontré desierto,
el lugar donde habita, el eterno infinito.

Andaré sobre sombras, en las oscuras noches,
vagaré con las almas, que como yo transitan,
en busca de esa paz, que cierre como un broche,
las angustias y penas, que todavía palpitan.

O quizás siga aquí, en el lugar de antes,
y el intenso dolor, me diga que susbsisto
voy a cerrar mis ojos, y aunque sea un instante,
pueda sentir tal vez, que sin embargo existo.

Clemencia

No me puedo olvidar de tu presencia
y siento que el dolor se hace tormento,
cuando oscuro aparece el sentimiento,
que me trae al recuerdo la impotencia.

No puedo arrancarme esta vehemencia,
de verte por lo menos un momento,
el tiempo se me vuelve fraudulento,
cuando cuento las horas de tu ausencia.

Cómo le hago entender a mi conciencia;
que no te piense más; que me has dejado,
que hace mucho de mí, te has olvidado,

que no debe sufrir por la experiencia,
de no tenerte más; que eres pasado,
que no le importe ya, tu indiferencia

Que un amor como el que yo, a ti te he dado;
nunca lo vas a hallar; y arrodillado
vas a volver, pidiendo mi clemencia.

ilumináte con la luz, del alma"

Eres

Te pareces al mar, profundo, misterioso,
cuando miro tus ojos, castaños y serenos,
ellos, saben amarme, de un modo voluptuoso,
aunque a veces se me hacen, inquietos; como ajenos.

A veces te contemplo, y pareces distante,
como si un pensamiento, te llegara al descuido,
pero cuando me entregas tu pasión desbordante
me cautivas de un modo que no había conocido.

Eres como la lluvia, cuando cae impetuosa,
en la tierra sedienta, de beber cada gota,
eres como la noche, oscura y majestuosa,
como un piano tocado, con pasión nota a nota.

Eres esa canción que yo escucho embriagada,
por la emoción que siento, al oír su sonido,
con esa sensación de que me siento amada,
como nunca jamás, lo había yo, sentido.

Eres, fuiste, y serás, la magia que me envuelve,
cada noche de amor, que pasas a mi lado,
como espuma en la ola, que de regreso vuelve,
para besar mi arena, con ritmo acompasado.

"Cuando la oscuridad se cierna sobre ti,

Cuando dijiste adiós

Cuando dijiste adiós, no lo esperaba,
mi mundo se quebró por un momento,
sentí un fuerte dolor que laceraba
mis ansias, mi ilusión, mi sentimiento.

Sentí tanto dolor con tu partida
no pude comprender porqué lo hiciste,
sólo sé que dejaste una honda herida
y me quedé sin tí, muy sola y triste.

Pero hoy que la tormenta ya ha pasado,
veo de nuevo el sol en mi ancho cielo,
mis ganas de reír se han desbordado

Ya no me importa tu amor equivocado,
porque aunque tu cariño me has negado,
ya no siento en mi ser el desconsuelo

Lo que sentí por tí ya lo he olvidado,
del pedestal en que estabas te he bajado,
se acabaron mis noches de desvelo.

Usted me gusta

Indiscutiblemente, usted me gusta
no sólo por su forma de mirarme,
hay algo en su sonrisa que se ajusta
a mi modo sutil de enamorarme.

Hace mucho que no sentía por dentro
esta fuerte corriente que domina
cuando me habla de amor, me desconcentro
y me hace sentir adrenalina

Le temo quizás al desengaño
cuando amo, me entrego con el alma,
no quiero esta vez que me hagan daño
me cuesta volver a tener calma.

Es lindo volver a enamorarse,
sentir que el corazón late en exceso,
con la mágica locura de entregarse,
al sentir de su boca el primer beso.

Más le debo advertir, que si me arriesgo,
a darle el corazón como yo espero,
pudiera usted también correr el riesgo
de amarme con pasión y desespero.

Probemos a empezar ¡No cuesta nada!
porque si no apostamos, no sabemos,
y puede ser que en esta encrucijada,
los dos hallemos el amor que merecemos.

Dicen

Dicen que de quererme, ya estás arrepentido,
que no quieres ni verme, que has logrado olvidarme,
que las horas felices, que conmigo has sentido,
se han borrado del todo, que no quieres hablarme.

Dicen que mis caricias, y mis besos cambiaste,
por un nuevo querer, que te da un mayor brío,
que no es que ya no sientas, que de mi te cansaste,
es que solo conmigo, tuviste un amorío.

Yo adivino entre letras, lo que dices a todos,
que si me ves con otro, sufrirás desconsuelos,
que aunque tú no lo quieras, yo conozco tus modos,
y si eso sucede, te consumes de celos.

Pero en verdad me amas, de eso estoy muy segura
que deseas tenerme, de vuelta entre tus brazos,
que el orgullo te ciega, pero sientes ternura,
cuando piensas que un día, yo te dí mis abrazos.

Que ya estás convencido, que necesitas verme,
que los días te parecen, como siglos perdidos,
que en las noches me piensas, que quisieras tenerme,
y sentir con deleite nuestros labios unidos

ilumináte con la luz, del alma"

Despedida

Bebí el vino agrío de tu despedida,
la trágica noche, que con toda calma,
dijiste no puedo, seguir en tu vida.

Tus frías palabras, nublaron mi mente,
descubrí de pronto que ya no me amabas,
te escuché tranquila aparentemente
creí que moría mientras tú me hablabas

Sentí que un torrente, bañaba mis ojos,
quedé sumergida, en un mar de llanto,
pero fui secando todos mis despojos,
para que no vieras, mi negro quebranto.

Traté a duras penas, con sonrisa amarga,
de ocultar lo mucho, que tu acción me hería,
y aunque la condena se me hacíera larga,
nunca imaginaste lo que yo sufría.

Cambiaste mi vida en ese momento,
tú eras de mi mundo lo que más amaba,
pero te burlaste de mi sentimiento
no eras la persona que yo imaginaba.

Levanté mi copa, con gesto distante,
te miré en silencio, con mirada helada,
y sé que tú viste, por un solo instante
que mi amor mataste, y no quedó nada.

Mayra Castro

Pudimos ser...

Viviendo del amor horas fugaces,
se me empedró el camino de los sueños,
mis horas de pasión, fueron audaces,
más solo provocaste mis ensueños.

Tu voz fue como un canto de sirena,
sentía de la luna su espejismo,
viví la soledad de un alma en pena,
nos separaba el muro de un abismo.

Estar cerca de ti, fue estar distante,
no le diste color a mi arcoíris,
siempre hubo alguna nube discordante,
y un gris desolador lleno mis iris.

El calor de tu cuerpo se hizo nieve,
la claridad del cielo, tempestades,
no siempre el sol se esconde cuando llueve
ni la verdad se oculta en nimiedades.

Nunca hubo entre los dos esa empatía,
esa que tantas veces he buscado,
la que nos hace ver el mediodía,
aunque la luz del sol se haya ocultado.

Pudimos ser el tiempo de los años,
si hubiera sido mar y tú mi arena,
más solamente somos dos extraños,
porque ya esa ilusión se me hizo ajena.

Ilumínate con la luz, del alma"

Yo te amo a mi manera

Yo, te amo a mi manera, apasionadamente
tú, me amas como un río, de un agua dulce y mansa,
este amor tuyo y mío, inexplicablemente
es un puerto seguro, donde el amor descansa.

Mi cariño es bravío, verde como las palmas
tu amor es un remanso, de paz y poesía,
es por eso quizás, que a mi sentir te empalmas
con una fuerte alquimia de luz, y de armonía.

Tu amor tiene el encanto, de esa emoción que calma
cuando siento que estalla, mi furia enloquecida,
mi amor te da el vigor, que yo, tengo en el alma
cuando alguna tristeza, ensombrece tu vida.

Somos un complemento, como el mar y la arena
como el cielo y luna, el fulgor y la estrella,
somos dos caminantes, que con confianza plena
por todos los rincones, van dejando su huella.

Amores como el nuestro, no existen donde quiera
porque los dos amamos, de forma diferentes,
yo, te amo a mí modo, con mi bravía manera
tú, me amas sosegado, con la pasión que sientes.

Decidí olvidarte

Decidí olvidarte, borrarte del todo,
poner piedra y rocas, entre tú y mi sino,
aunque mi alma en pena, la echara en el lodo,
y las nubes negras, fueran mi destino.

Caminé descalsa, sobre los caminos,
sangrando en mis plantas, recorrí pantanos,
llegué hasta la puesta de los vespertinos,
y en intensos fuegos me abracé las manos.

Decidí olvidarte, de cualquier manera,
subí a las montañas, más altas que existen,
he llegado al cielo, con una escalera;
y todo fue en vano, mis ansias persisten.

Decidí olvidarte, con todo mi empeño,
y llegué hasta el fondo, del mar más violento,
le puse puñales a mi último sueño,
para no soñarte en todo momento.

Decidí olvidarte ¡Que triste ironía!
Decidí sacarte de mis pensamientos,
y solo he logrado sentir cada día
que eres mi alegría y mi sufrimiento.

Decidí olvidarte, sacarte del alma,
lo he intentado todo, y no lo he logrado,
si en mis devarios, ya no tengo calma;
por favor te pido, ¡Regresa a mi lado!

ilumináte con la luz, del alma"

Cuando te hayas marchado

Cuando te hayas marchado, ya lejos de mi vida,
se quedarán marchitas, las blancas azucenas,
se apagará la luz, que en mi estaba encendida,
no volverán a ser, las noches tan serenas.

Si me dejas ahora, me sentiré perdida,
porque sólo tú puedes, alejarme las penas,
si te alejas mi amor, no encontraré salida,
al este inmenso dolor, al que a mi alma condenas.

Yo estoy ligada a ti, indisolublemente,
como flor al rocío, como la palma al viento,
como el mar cuando arrastra, inevitablemente,
las olas que convierten, la roca en sedimento.

No te vayas aún, déjame contemplarte,
para tener tu imagen, grabada en mi recuerdo,
para cuando no estés, mi ser pueda nombrarte,
y así hacerme la idea, que tu querer no pierdo.

Cuando no estés aquí, te sentiré conmigo,
porque en mi soledad, estaré acompañada,
y en mi imaginación, me cubrirá el abrigo,
del calor que transmite, tu profunda mirada.

"Cuando la oscuridad se cierna sobre ti,

Mayra Castro

Si preguntan por mí

Si preguntan por mí...Dí una mentira,
invéntales un cuento recurrente
diles que no soy ya, la que te inspira,
muéstrate vencedor ante la gente

Cúlpame a mi de todos tus errores,
dile que nunca fui una buena amante,
que siempre te causé puros dolores
que al final terminé siendo agobiante.

No les cuentes que sola me dejabas,
que nunca tu cariño me brindaste,
que en las noches de fiestas pernoctabas,
que en cientos de cantinas trasnochaste.

No les digas las veces que esperaba,
en un rincón llorando por tu ausencia,
ni les cuentes que a solas siempre estaba,
que en ti solo encontraba indiferencia.

Si preguntan por mí... Nunca les cuentes,
que cuando me cansé de tu inconciencia,
me fui por otros rumbos divergentes,
y me alejé de ti; sin indulgencia

Que suplicando esperas mi regreso,
jurándome jamás volver a hacerlo,
pero es muy tarde ya; te lo confieso,
mi amor tú no supiste retenerlo.

Ilumínate con la luz, del alma"

Vives dentro de mí

Vives dentro de mí, y entre tus brazos vuelo
renazco en tu raíz, cuando la piel me tocas,
es tu hechizo sutil como el azul del cielo,
no imaginas siquiera lo que en mi ser provocas.

Cuando nos abrazamos mi cuerpo se estremece,
quisiera en ese instante poder parar el mundo,
mi amor es un volcán, que nunca languidece,
te quiero eternamente, con un sentir profundo

Aquel día en la playa, despertaste mis ansias,
creo que en otra vida, ya te he pertenecido,
para estar junto a tí, devoro las distancias,
eres lo más hermoso que a mí me ha acontecido.

Tus manos tienen magia, cuando tocan las mías
se paraliza el tiempo, si te tengo a mi lado,
las tristezas que tengo se vuelven alegrías,
y todo el sufrimiento se queda en el pasado.

Me iluminas la vida tan solo con mirarme,
cuando miro tus ojos puedo ver los luceros,
cuando besas mi boca; ya no puedo callarme
y besando tus labios susurro mil te quieros.

Si conocí el amor, fue porque al encontrarte,
pude ver al instante que tú eras mi destino
yo que tanto he vagado, tratando de encontrarte,
y hoy los dos transitamos por un mismo camino.

En noches como estas

En esta noche clara, de cálidos matices,
como un batir de alas, de aves en pleno vuelo,
me llegan cual suspiro nuestros tiempos felices,
que estaban en mi mente ocultos trás un velo

He vuelto a recordar tu cara, tu sonrisa,
tus ojos que una vez fueron mi melodía,
acarició mi pelo lo suave de la brisa,
y entonces tu recuerdo me supo a poesía.

Mirando a la distancia recorrí el infinito,
surcando el horizonte mi voz quiso llamarte,
he comprendido entonces, que aún te necesito
aunque nunca me atreva a volver a nombrarte.

En noches como estas de cálidos matices,
mi esencia se revela y no puede olvidarse,
que aunque yo no lo diga le quedan cicatrices,
que el tiempo no ha sanado y no logran curarse.

ilumináte con la luz, del alma"

Hablemos de los dos

Hablemos de los dos, sin pensar en la gente,
que no sabe querer, y jamás ha sentido,
esta forma de amar que inevitablemente,
nos abre el sentimiento de lo desconocido.

No sabíamos nada antes de conocernos,
creímos que el amor, lo habíamos vivido,
pero fue tan intensa nuestra emoción al vernos,
como nunca jamás, la habíamos sentido.

Penetraste en mi ser, con fuerza de torrente,
yo no pude pensar más que en querer amarte,
te hiciste de mi vida, mi amante confidente,
y mi pecho se agita al poder contemplarte.

Descubriste que en mí, se resume tu mundo,
cuando estás a mi lado, lo demás poco importa,
vivimos nuestro amor, con un sentir profundo,
si no estás junto a mí, la existencia se acorta.

Hablemos de los dos, sin pensar en la gente
disfrutemos del tiempo viviendo nuestro anhelo
porque tú y yo sabemos que inexplicablemente
tan solo con mirarnos, llegamos hasta el cielo.

"Cuando la oscuridad se cierna sobre ti,

Entre cuatro paredes

Entre cuatro paredes, no transcurren las horas,
olvidados de todo, lo que ocurre allá afuera,
trocamos el invierno en sol de primavera
tan ajenos del mundo, en un albor de auroras.

Entre cuatro paredes nuestro amor reverdece,
no sentimos el tiempo que camina de prisa,
me sorprende la noche, envuelta en tu sonrisa
allá en el firmamento, la luna resplandece.

Entre cuatro paredes, nos volvemos adictos,
a vivir nuestros sueños, en pétalos de rosas,
mientras nos adoramos, no existirán conflictos,
que impidan nos amemos, sobre todas las cosas.

En los días de lluvia y en las noches de hastío,
no sentiré agonía, si al vivir me concedes,
refugiados y ocultos, entre cuatro paredes
la dicha de sentir, tu aliento junto al mío.

ilumináte con la luz, del alma"

Era

Era el aire inclemente, que besaba mi cara,
era el agua del río, en mi labio sediento,
era el fuego brillante, en una noche clara,
era la húmeda tierra, que me daba alimento.

El tenía la magia, de todos los poderes,
poseía en el mismo, esos cuatro elementos,
con sus ávidas manos, convertía en placeres,
mi piel que acariciaba, con todo sentimiento.

Yo, me bañé en sus aguas, y me volví su esclava,
yo, respiré su aire, en donde me conmuevo,
yo, me quemé en el fuego, de su flamante lava,
yo, me sembré en su tierra, y germiné de nuevo.

Era todo en mi vida, y me enseñó a quererlo,
él, me mostró el camino, donde la primavera
retoña todo el año, por eso es que al perderlo,
sé, que nunca amaré, a otro de esa manera.

Dormido

Te contemplo dormido, sumergido en el sueño,
ausente de mi mundo, van pasando las horas,
lejos de mí; distante, vagando en el ensueño,
y aún así inconciente, siento que me enamoras.

Y detallo a mi antojo, tu respirar pausado,
noto que estás conmigo, y a la vez que te has ido,
flotando en una nube, inerte aletargado,
cual ave que regresa, perezosa a su nido.

Me gusta verte así; y respirar tu aliento,
tenerte a mi merced, mirándote rendido,
me parece que estoy, allí en tu pensamiento,
cuando estás junto a mí, silente adormecido.

Y beso suavemente, tu boca sonriente,
quizás por una imagen, que te haya subyugado,
espero a que despiertes, inesperadamente,
y te sientas feliz, de tenerme a tu lado.

ilumináte con la luz, del alma"

Regresa

Hoy desperté con ansias, de encontrarme contigo,
me he pasado la noche, sumergida en tu beso,
la almohada de seda, quedó como testigo,
de que mi amor espera, tu añorado regreso.

He sentido en mi boca el sabor de tus besos
y bebí de tus labios el néctar exquisito
disfruté tus olores que quedaron impresos
en mis sábanas blancas, dónde te necesito.

Te he soñado a mi lado, como en aquel verano,
en que las tibias olas, del mar nos arrullaban,
he sentido en mi piel, el calor de   tu mano,
sumida en las caricias, que a mí cuerpo le daban.

Soñé con tu presencia, en esa mar tranquila,
donde nuestra pasión, fue la protagonista,
y en colores mi mente, como miel que destila,
dibujó tu figura, cual sombra acuarelista.

Quedó tanto de tí, impregnado en mi esencia,
no te puedo olvidar, ni siquiera un instante,
donde quiero que estoy, reclamo tu presencia,
y quiero que regreses, que ya no estés distante.

Necesito tenerte, otra vez en mis brazos
unidos caminar, cuando la luna irradie.
tú sabes que jamás, romperás nuestros lazos;
pues como yo te amo, no podrá amarte nadie.

Historia pasada

Todavía parece, que nada de esto es cierto,
que nunca te marchaste, que me sigues amando,
hoy siento que mi vida, es como un mar desierto,
y a pesar de mi misma, yo te sigo extrañando.

En qué tiempo y lugar, tú dejaste de amarme,
cuándo fue que sentiste que ya no me querías,
o acaso la pasión que solías brindarme,
fue solo la ilusión de una cruel fantasía.

Siempre pensé que yo era, la obsesión de tu vida
y por ese motivo sabes que te adoraba,
hoy resulta que al irte me has causado una herida,
ese golpe mortal, de ti no lo esperaba.

Cuando lejos de mí, te sientas derrotado,
porque falsos placeres ya te habrán aburrido,
querrás volver de nuevo a vivir el pasado,
suplicante dirás que estás arrepentido.

Pero para ese entonces, será historia pasada,
lo que sentí por tí; porque te habré olvidado
sé que vas a sentir una fuerte estocada,
cuando veas que ya; tu amor he sepultado.

ilumináte con la luz, del alma"

Perdón

Como sombra chinesca, mi alma vaga errante,
buscándote en lo oscuro, de algún viejo rincón,
porque ella cree y presiente, que aún es importante,
buscarte hasta encontrarte, y pedirte perdón.

Perdón quiero pedirte, por nunca haber podido,
decirte conmovida, que yo me equivoqué,
buscando en otra parte, lo que solo ha existido,
en tu amor tan sentido, que yo nunca olvidé.

Me marché de tu vida, pensando que el destino,
me tenía designado, otro sitio mejor,
y me fuí de tu lado, siguiendo otro camino,
pero en su andar obtuve, solo llanto y dolor.

No pensé en el regreso, porque estabas dolido,
y no sabía si un día, perdonaras mi acción,
pero puedes creerme, el gesto arrepentido;
a más nadie he querido, con todo el corazón.

Quizás un día te encuentre, vagando por el mundo,
y sepas que mi suerte, ya no es igual sin ti,
con pasos anhelantes, igual que un vagabundo,
me reprocho mil veces, el día en que me fui.

Lo amé

Lo amé con toda el alma, con todo el sentimiento,
lo amé como quien ama, por una sola vez,
más sé que nunca supo, de todo mi tormento,
porque lo amé en mi mente, y fue una insensatez.

Quizás fue que sentía, cuando leía sus letras,
que escribía poemas, que fueran para mí,
más luego descubrí, que tan solo eran tretas,
que mi alma de poeta, lo imaginaba así.

Lo amé tan locamente, y siempre lo soñaba,
le daba a mi almohada, mil besos de pasión,
pero él nunca lo supo; ni se lo imaginaba,
que lo he querido tanto, que fue mi adoración.

Lo quise de una forma, tal vez exagerada,
y sé que nunca más, volveré a amar así,
yo le entregué mi vida, aunque no fui su amada,
tan sólo me bastaba, soñarlo junto a mí.

Hoy que el tiempo ha pasado, todavía gravita,
una angustia infinita, al saber que no fuí;
la musa que inspiraba, con sus letras benditas,
los poemas que hacía, con todo frenesí.

ilumináte con la luz, del alma"

Recuerdos del ayer

Retazos de recuerdos, y besos olvidados,
claveles perfumados, canciones del ayer,
como reminiscencias de tiempos ya pasados,
que yo creí esfumados se empeñan en volver.

Y vuelven los momentos de dicha y de locura,
instantes en que fuiste, el ser que más amé,
hoy sé que yo en tu vida, fui solo una aventura
por eso me tortura, pensar que me engañé.

No sé si algunas veces, también tú me quisiste
y un día de repente se acabó tu querer,
sólo sé que conservo esa mirada triste...

La misma que esa noche de lluvia en que te fuiste,
mirándome de frente, de mí te despediste,
y una furtiva lágrima, no pude contener.

"Cuando la oscuridad se cierna sobre ti,

Tu recuerdo

Tú, estás en el café, que tomo en la mañanas,
siento tu dulce aroma, al néctar adherido,
degusto tu sabor, en esa hora temprana
cuando los tenues rayos, del sol, aún no han salido.

Como todos los días, mirando al horizonte
mi mirada se pierde, contemplando el paisaje,
y en el trino sutil, del canto del sinsonte
recuerdo que marchaste, llevando tu equipaje.

Mis días se quedaron, colgando de la puerta,
por donde te alejaste, dejándome sin vida,
No sé cómo aún respiro, si siento que estoy muerta
mi mundo se ha esfumado, junto con tu partida.

No puedo conseguir, librarme de este infierno,
donde tú me dejaste echándome al olvido,
siento que mi verano, se ha cubierto de invierno,
y tirito de frío, como un ave sin nido.

Espero que otro amor, me curará la herida
que a mí ser le causaste, con tu comportamiento,
que pronto a tu recuerdo, le de la despedida,
y una nueva ilusión, me aleje el sufrimiento.

Te espero

Aquí siempre te espero, porque mi amor te aguarda,
te espero como espera, la tierra al aguacero,
como esperan los montes, los cocuyos que tardan,
cuando en la oscuridad, no alumbra ni un lucero.

Regresa, vuelve a mi, porque solo tu puedes,
calmar este dolor, que se me hace tan frío,
ven pronto por favor, que entre cuatro paredes,
está mi corazón, muriéndose de hastío.

Cuando llegues si ves, que he cerrado mis ojos
en mis sábanas blancas, como quien se ha dormido
bésame solamente, ya no quedan enojos
sabes bien que te quiero, como no había querido.

Regresa junto a mí, porque no tengo calma,
si no estás a mi lado, el dolor se hace eterno,
es como si tuviera, espinas en el alma,
y estaré condenada, a vivir este infierno.

Cuando vuelvas mi amor, no te haré ni un reproche,
será como si el tiempo, no hubiera transcurrido,
me quedaré en tu abrazo, prolongando la noche,
en un beso que deje, el tiempo detenido.

No es que ya no te quiera

No es que ya no te quiera, es que eres mi locura,
mi delirio constante, mi consuelo y martirio,
¡Cómo no he de quererte! si aunque soy tu aventura,
tú has dejado en mi ser, tu perfume de lirio.

Me preguntas por qué, he dejado de hablarte,
y ni yo misma sé, cómo lo he conseguido,
si en los días que pasan, tan solo hago pensarte,
pero sé que no sientes, lo que por ti he sentido.

Bien saben esas noches, de luna y desespero,
cuando a solas me siento, y miro el firmamento,
musitando anhelante, la palabra te quiero,
no dejo de soñarte, ni tan solo un momento.

Se me ha vuelto la vida, un túnel sin salida,
porque te quiero tanto, que se me va la calma,
yo solo fuí en tu mundo, una loca suicida,
que se atrevió a quererte, y se quedó sin alma.

Aquella noche

Aquella noche nuestra, de apetitos voraces,
dibujaste mi cuerpo, desde el muslo a la espalda,
recorriste mi espacio en espamos fugaces,
traspasando mi playa como fuego que escalda.

Navegaste en mis mares y te anclaste a mi puerto,
en mi agua buceaste con total maestría
mis mareas ardientes pusiste al descubierto,
y tu barco velero naufragó en mi bahía.

Te aferraste a mis rocas con tesón desbordante,
mi océano profundo lo dejaste encendido
ardieron mis corales con furor anhelante,
y mi fondo marino bullía estremecido.

Maremotos, tsunamis, condujeron mi arrastre,
me llevó tu corriente en colazal cadena,
una oleada candente, gigante provocaste;
y estrepitosamente, se derramó en tu arena.

"Cuando la oscuridad se cierna sobre ti,

Dudas

Confieso que dudé; pero solo un momento,
fue quizás la costumbre de tu mirar y el mío,
pero a veces un acto transforma el sentimiento,
he pretendido hablarte y me llené de frío.

Y tal vez aún te amo, o quizás se ha perdido
entre tantos vaivenes, la magia entre los dos,
fueron muchas las veces, que entenderte he querido,
que no sé si sigamos, o digamos adiós.

Hay días que me sorprendo, porque quiero mirarte
y ver en tus pupilas lo que, sientes por mi,
porque siempre he sabido que debo adivinarte,
imagínar qué piensas, bien sabes que es así.

Yo sé que me advertiste, que aunque mucho me amas,
las palabras no son, tu fuerte en el amor
que prefieres con gestos, que se enciendan las llamas
que demuestren me quieres, con fuego abrazador.

Siempre estuve de acuerdo, no te reprocho nada
me sentía dichosa, con tener tus caricias,
porque aunque no me hablaras, yo me sentía amada,
mirándome en tus ojos, bebiendóme tu risa.

Pero en estos momentos que me hables se hace
urgente
no te tengo a mi lado; y sentirte no puedo
No sé si es que haya otra que ya ocupe tu mente
no soy clarividente y con dudas me quedo.

El amor

El amor es un aura que brilla en nuestras almas,
como un rayo de luna que solemos mirar,
es un arrullo suave que nos brindan las palmas,
cuando lo conocemos nos hace enamorar.

El amor es la brisa que refresca la vida,
es magia y sortilegio que nos hace soñar,
es pasión y delirio porque a todos convida,
a la dicha infinita de poderlo encontrar.

El amor es la fuente donde todos bebemos,
el agua necesaria para la sed calmar,
es una suave brisa que aunque invisible vemos,
todos los que tenemos la alegría de amar.

El amor será siempre de los enamorados,
el más tierno remanzo que ha existido jamás,
es esa paz que llega de modo inesperado,
y nunca nos aburre, siempre queremos más.

"Cuando la oscuridad se cierna sobre ti,

Quisiera

Quisiera poder sentir todo lo que esconde un beso
del contorno de tu boca al juntarla con la mía,
y delinerte los labios con ternura y sin exceso,
imaginar ese beso...¡Es mi mayor fantasía!

Quisiera cada mañana, ser tu verso en poesía,
que me acaricies el pelo, apenas al despertarme,
que con toda tu pasión, me anuncies el nuevo día,
porque si despierto así...¡Que forma de despertarme!

Quisiera ser ese sol que alumbra todo el paisaje,
quisiera ser el furor de tu ansia de abrazarme
quisiera ser el boleto de ida y vuelta en tu pasaje,
para poder exclamar... ¡Que forma de acariciarme!

Quisiera poder morir en tu piel cada segundo,
y luego resucitar en tu cuerpo y sin rendirme
entre las olas del mar, cabalgar los dos el mundo;
porque si me muero así... ¡Que manera de morirme!

Mi último puerto

Es muy tarde, ya la noche va muriendo,
de nostalgias, se me empañan las pupilas,
desconoces que yo aún te estoy queriendo,
cuando llega tu recuerdo; me aniquilas.

Hace mucho que tuvimos un romance,
yo no sé si tú te acuerdas de mi vida,
pero a mí, tal vez el tiempo no me alcance,
para curar el dolor de mi honda herida.

Han pasado muchos años de esos días,
en que ya nos alejamos totalmente,
nuestros rumbos transitaron otras vías,
pero mi alma aún te busca entre la gente.

He tenido otros amores que han llenado,
ese espacio que dejaste tan vacío,
pero nunca de tus besos me he olvidado,
y hasta a veces he soñado que eres mío.

Si supieras el deseo que yo tengo,
de volver a comenzar, sin despedida,
se cumpliera la esperanza que mantengo,
de que no te hubieras ido de mi vida.

Porque aún te sigo amando sin tenerte,
y aunque ya mis ilusiones casi han muerto,
es posible que con un poco de suerte,
aún me quieras; y seas tú mi último puerto.

La mujer

Cuando se hable de valor
de ternura, de belleza,
de lealtad de nobleza.
Cuando se nombre una flor
cuando se cante al amor,
y se mencione el querer
cuando se hable de poder,
hacer algo necesario,
sin que sobre un comentario
se trata de la mujer.

Cuando se hable de tener
determinación, destreza,
suavidad y fortaleza
cuando se hable de crecer,
cumpliendo cualquier deber
a ella la encuentras ferviente
si hay que dar un paso al frente
en la casa, en el trabajo,
sin tomar ningún atajo
seguro estará presente.

Cuando se hable de fulgor
y se le cante a la gracia,
a la humildad a la audacia
a imponerse ante el dolor
al ingenio creador
a las ganas de vencer,
a tener que posponer
sus metas por su familia
esa que nos reconcilia,
sin dudas es la mujer.

Cuando se hable de pasión
al proteger a sus hijos,
tierna, se vuelve cobijos
para preservar su unión,
cuando se hable de emoción
al amar y al defender,
su derecho de nacer
y educarlos con ternura,
yo les apuesto segura
se trata de la mujer.

"Cuando la oscuridad se cierna sobre ti,

Mejor te quedas callado

Si no es para consolar
cuando alguien tiene un dolor,
si acusas por un error
creyendo que no has de errar.
Si no es para resaltar
lo que algunos han logrado,
si te cuesta demasiado
alabar un bien que han hecho,
si solo expresas despecho
mejor te quedas callado.

Si no es para hablar de amor
y brindarle paz al alma
para que llegue la calma
a quien tiene algún temor.
Si no eres un defensor.
de quien se siente angustiado,
porque algo cruel le ha pasado
que lo ha logrado abatir,
si no es para redimir
mejor te quedas callado.

ilumináte con la luz, del alma"

Si no es para darle paz
al que tenga un sufrimiento
si no entiendes su tormento
y tu palabra es mordaz.
Si te sientes incapaz
de reconocer su estado,
si no has de estar de su lado
si lo vas a criticar,
si no lo vas a calmar
mejor te quedas callado.

"Cuando la oscuridad se cierna sobre ti,

Miedo

Tengo miedo de vivir
pensando de otra manera,
olvidarme de quien era
porque no quiero sufrir.
Pánico de permitir
que otras ideas ajenas,
me sometan a cadenas
que ya no acepto en mi vida,
no encontrar una salida
para calmarme las penas.

Que la sangre por mis venas
deje de ser impetuosa
cuando noto alguna cosa
que me esté causando daño.
Que me hiera el desengaño
que ya para mí es rutina
que al descorrer la cortina
pueda mirarme por dentro
y descubra que muy adentro
se perdió mi adrenalina.

Miedo que ya en mí alucina
de descubrir algún día
que acabó mi poesía
que se fue haciendo rutina.
Que a la vuelta de la esquina
se me muera el sentimiento
de sentir remordimiento
por no ser como debía
que ya no sienta alegría
de sentir como yo siento.

Miedo le tengo al momento
y ojalá que nunca llegue,
que sienta que no se mueve
mi corazón palpitante.
Cuando pienso en el instante
que me diste el primer beso
juro, aquí te lo confieso
que si un día sucediera
es posible que me muera
por eso no pienso en eso.

"Cuando la oscuridad se cierna sobre ti,

Mayra Castro

Desde que te conocí

Desde que te conocí
desempaqué mi equipaje,
le puse fin a ese viaje
que por años recorrí.
Porque cuando yo, te ví
supe que había encontrado
la persona que he soñado
la que devuelve a mi vida,
la fe que creí perdida
y junto a ti la he encontrado.

Mi corazón angustiado
de tanto buscarte en sueños
casi olvidó los empeños,
de encontrar al ser amado.
Por eso quiero a tu lado
pasar toda mi existencia
y llenarme de tu esencia
hasta el final del camino,
porque creo en el destino
y obedezco su sentencia.

Contigo la turbulencia
de mi cielo encapotado
hoy relumbra despejado
con el sol de tu presencia.
Quiero tener la experiencia
de estar por siempre contigo
para brindarte mi abrigo,
mi apoyo en todo momento
y todo tu sentimiento
tú lo compartas conmigo.

Eres mi amante y mi amigo
el que devuelve la calma
que necesitaba mi alma
y en tus brazos la consigo.
Que el mundo sea testigo
de nuestra pasión ferviente
y que siempre esté latente,
el deseo de querernos
para los dos mantenernos
unidos eternamente.

"Cuando la oscuridad se cierna sobre ti,

Soy

Soy de tu mar la corriente
de tu playa el espejismo
de tu canción el lirismo
agua fresca de tu fuente.
Soy la idea recurrente
que tienes cada mañana
soy la luz en tu ventana
que en los días te despierta.
Soy la paloma en tu puerta
que llega siempre temprana.

Soy la brisa que acaricia
tu pelo al llegar la noche
soy plenitud de derroche
pues te amo con avaricia.
Soy del panal la delicia
que tú bebes embriagado
soy el néctar perfumado
que en tus sábanas habita.
Soy la ilusión que palpita
si te sientes derrotado.

Soy quien vive en otro lado
y desde lejos te aclama
soy la mujer que te ama
a la que tu amor le has dado.
Sé, que estás enamorado
lo confirma cada instante
de tu sentir anhelante
por estar en mi camino.
Si así lo quiere el destino
nuestro amor saldrá triunfante.

"Cuando la oscuridad se cierna sobre ti,

Necesito olvidar

Necesito olvidar a un mal querer, que me llenó la vida de
dolor,
desmoronó mis ansias de mujer, amarlo simplemente
fue un error.

Le di todo mi ser, mi adoración, mis sueños, mis deseos
de vivir,
en pago destruyó mi corazón, y me dejó sin ganas de
existir,
ya tengo que quitarme esta obsesión, es algo que no
puedo permitir,
sé, que lo lograré con más tesón, por un amor así, no
he de morir.

Necesito olvidar...dejar atrás, el averno que me ha hecho
conocer,
tratar de no pensar nunca jamás, lo mucho que he
sufrido en el ayer.

Yo tengo por mi bien que detener, la pena que con fuego
abrazador, me aniquila muy lenta la razón, porque ya
estoy cansada de sufrir;
ya de su falso amor no quiero más, espero en otros
brazos renacer.

Si me vas a dejar

Si me vas a dejar... lleva contigo
los besos de pasión incontenidos,
la forma en que me hiciste enamorarme,
y todos tus te quiero repetidos.

También lleva a la luna, fiel testigo,
de las noches de magia y de aventura
el ritmo incompasado en mis latidos,
mi llanto por la pena que tortura.

Tus besos que hoy se vuelven mi castigo,
por tu alevosa forma de besarme,
el amor que me diste y se clausura,
y el inmenso dolor que ha de matarme.

"Cuando la oscuridad se cierna sobre ti,

Aunque quiera olvidarte

Aunque quiera olvidarte, no sé, no lo consigo,
tengo tu amor prendido, ya de mi formas parte,
a veces a mi mente, tontamente la obligo,
a tratar de que un día, ya deje de soñarte.

Será porque llenaste, de mi ser el vacío,
porque mi vida toda, de dicha la colmaste,
que ahora me parece, que ha quedado un hastío,
en todos los rincones, por donde tú pasaste.

No sé si al fin podré, olvidarte algún día,
si hallaré a otra persona, que ocupe tu lugar,
más tiene que tener, mi misma simetría,
el sitio que dejaste, no es fácil de llenar.

Debemos entendernos, con gestos y miradas,
como pasó ese día, en que te conocí,
la alquimia en nuestros cuerpos, siempre estuvo
plasmada
desde el primer instante, que te fijaste en mí.

Recuerdo nos miramos, y sin decirnos nada,
sentimos el amor, flotar a flor de piel,
es por eso que sigo, de ti enamorada,
aunque todas las mieles, las convertiste en hiel.

Amor prohibido

Estamos condenados, a amarnos en la sombra,
escondidos de todos, como dos fugitivos,
nadie puede saber, que mi alma te nombra,
ni que al pasar la calle, nos miramos furtivos.

Ante la gente somos, cuál dos desconocidos,
solo tu y yo sabemos, lo que todos ignoran,
que hay un gesto en el aire, que nubla mis sentidos
Sin que nadie lo sepa, nuestros seres se adoran.

Ellos no se imaginan, que tú y yo nos amamos,
escondidos del mundo, dónde no puedan vernos,
y el gesto indiferente, con que nos saludamos
nos recuerda que a solas, nos damos besos tiernos.

Esa mirada fría, con la que nos miramos,
encierra los volcanes, que llevamos por dentro,
sin que nadie se entere, solamente contamos,
las horas que nos faltan, para el próximo encuentro.

Te busco

Te busco entre las sombras infinitas del alba,
en la nítida aurora de un nuevo amanecer,
en los azules tenues, de los mares en calma,
en las oscuras sombras de cada anochecer.

Puede ser que te encuentres en un lugar distante,
muy lejos de mi alcance y no te pueda ver,
o quizás en los brazos de alguna nueva amante,
ya te hayas olvidado de nuestro amor de ayer.

Todavía recuerdo que siempre me decías,
que no me olvidarías; que me serías fiel,
y siento algunas veces en las mañanas frías,
tus besos que sabían a panales de miel.

Quizá pase la vida tratando de encontrarte,
o tal vez una tarde te mueras por volver,
y pueda yo de nuevo, lograr   acariciarte,
volviendo mi sendero de nuevo a florecer.

Volver a comenzar

Dicen que no podemos retornar al pasado,
y que amores lejanos nunca van a volver,
pero a veces parece que te tengo a mi lado
y siento que me veo, junto a ti en el ayer

Has sido de mi vida, ese querer bonito,
aunque solo te encuentras en mi imaginación
yo, te seguí queriendo, con cariño infinito
porque siempre te he amado, con toda devoción

Aunque hoy por otros rumbos transitan nuestros sinos
y te encuentres distante muy lejos de mi hogar,
quién sabe si Dios, quiera, unir nuestros caminos,

y hastiados de vagar como dos peregrinos
decidamos de nuevo, juntar nuestros destinos
y juntos de la mano, volver a comenzar.

Mayra Castro

Quiero pedirte perdón

Como sombra chinesca, mi alma vaga errante,
buscándote en lo oscuro, de algún viejo rincón,
porque ella cree y presiente, que aún es importante,
buscarte hasta encontrarte, y pedirte perdón.

Perdón quiero pedirte, por nunca haber podido,
decirte conmovida, que yo me equivoqué,
buscando en otra parte, lo que solo ha existido,
en tu amor tan sentido, que yo nunca olvidé.

Me marché de tu vida, pensando que el destino,
me tenía designado, otro sitio mejor,
y me fuí de tu lado, siguiendo otro camino,
pero en su andar obtuve, solo llanto y dolor.

No pensé en el regreso, porque estabas dolido,
y no sabía si un día, perdonaras mi acción,
pero puedes creerme, el gesto arrepentido;
a más nadie he querido, con todo el corazón.

Quizás un día te encuentre, vagando por el mundo,
y sepas que mi suerte, ya no es igual sin ti,
con pasos anhelantes, igual que un vagabundo,
me reprocho mil veces, el día en que me fui.

Mi fantasía

Le daré inspiración a tu recuerdo,
para no sentir más tu lejanía,
quizás así no sienta que me pierdo,
en el llanto abismal, de mi agonía.

Hoy dejaré volar mi fantasía,
pensaré que hasta a mí, llega tu beso
que me lo das con toda idolatría
que piensas solamente, en tu regreso.

Me abrazo a la almohada, y llevo impreso,
tu nombre que a mis sábanas se empalma,
pues tanta es la pasión que te profeso...

Aunque ese es mi sentir, te lo confieso;
de tanto desamor, se cansa el alma.

"Cuando la oscuridad se cierna sobre ti,

Quizás

Quizás ya te olvidaste, de que una vez te quise,
que fuiste de mi vida, la claridad más bella,
y tal vez no te acuerdes, que con fervor te hice,
un cielo luminoso, donde tú eras mi estrella,

Quizás ya has olvidado, que a mi lado viviste,
las horas más felices, de amor que hayas vivido,
tal vez ya ni te acuerdas, que conmigo aprendiste,
a sentir el silencio, y escuchar su sonido.

O quién sabe en las noches, añoras mi presencia,
y hasta te pareciera, que estás aquí en mi lecho,
recorriendo mi cuerpo, respirando mi esencia,
como antes lo hacías, recostado en mi pecho.

Quizás de vez en cuando, en la sombra escondido,
contemplando mi foto, el deseo te asalta,
porque sé que me amaste, y aunque de mí te has ido,
el sabor de mis besos, ya te hacen mucha falta.

Hablemos claro

Me pareciste anoche tan lejano...
Ausente te sentí...; frío; distante
como si me escondieras, en lo arcano,
acaso un sentimiento discordante,

te he notado sombrío, indiferente,
te fui a besar, y apenas me has dejado,
y sé que algo me ocultas, ten presente,
que a ti yo te conozco demasiado,

revélame el secreto que has guardado,
que no halla entre los dos, ninguna duda,
si es que piensas que en algo te he fallado,
no quiero una respuesta, que me eluda,

es mejor que lo hablamos francamente,
que digas lo que sientes, sin clemencia,
yo quiero que me expliques, frente a frente,
si existe otro querer en tu existencia,

si pasara que ese algo que me ocultas,
no lo hablas, porque pudieras herirme,
hablemos como personas adultas,
que de hacerlo, nunca voy a arrepentirme,

prefiero la verdad, al cruel engaño,
si no quieres seguir, no he de obligarte,
seguro vas a hacerme menos daño,
ya buscaré la forma de olvidarte.

Incomprensible

He tratado de entender, pero no puedo
esa forma que tú tienes de quererme
unos días me rechazas con denuedo,
y otras tantas te desvives por tenerme.

Es difícil mantener algo contigo,
yo quisiera comprender lo que sucede,
unos veces me demuestras deshabrigo,
otras muchas me suplicas que me quede.

Ya no sé qué puedo hacer para entenderte,
yo te quiero, más tu amor no es consecuente,
con el tiempo logro menos conocerte,
nunca sé lo que te pasa por la mente.

Por momentos la pasión se te desborda,
y al instante se te nota indiferente,
ya mi amor se está escapando por la borda,
ya te tengo que olvidar completamente.

Estás en mis sueños

Estás en mis sueños, en todo momento,
respiran mis poros, tu grato perfume,
tanto te has metido, tú en mi sentimiento
que si no te tengo, mi alma se consume.

Espero con ansias, quemarme en las llamas,
de ese fuego intenso, que tienen tus labios,
y no me hace falta, que digas que me amas,
si me siento amada, con tus besos sabios.

Decir que te quiero, no me bastaría,
es algo más grande, lo que por tí siento,
tú ya formas parte, de mi anatomía,
y nunca te apartas, de mi pensamiento.

Contigo en mi cuarto, se escurren las horas,
me olvido del mundo, que bulle allá fuera,
porque para amarte, no existen demoras,
y juro no hay nadie, que así a tí te quiera.

"Cuando la oscuridad se cierna sobre ti,

Tan solo dos veces

Conversé contigo, tan solo dos veces,
pero me han bastado, para enamorarme,
por eso mi vida, espero con creces,
que algún día tu boca, quisiera besarme.

Extraño tus besos, y no te he besado,
extraño tu cuerpo, y no te he   sentido,
y cómo se explica, si no te he tocado,
que pueda sentirte... Si no te he tenido.

Me muero de ganas, de verte de nuevo,
de qué estés sintiéndo, lo mismo que siento,
porque cada día, mis ansias renuevo,
de que tú me lleves en tu pensamiento.

Si a solas un día, pudiera tenerte,
te diría que quiero sentirte, a mi lado,
y espero que entonces, yo tenga la suerte,
de que ya también, me ames demasiado.

ilumináte con la luz, del alma"

Por verte regresar

Por verte regresar... ¡cuánto daría!
Mi sol y libertad; mi vida entera.
Contigo se me fue la primavera,
y siento que te extraño cada día.

Mi casa se ha quedado... ¡Tan vacía!
Tú has sido de mis penas confidente,
por siempre te mantienes en mi mente,
en esta soledad sin compañía.

Extraño tu anhelada poesía,
esa forma de amar tan diferente,
tú no eres como el resto de la gente,
me hiciste conocer tu fantasía.

Mi calma ya no tiene la armonía,
la que le diste tú, con tu sonrisa
a veces confundido con la brisa,
me llegas de distante lejanía.

Regresa junto a mí, que está latente,
estas ganas de amarte todavía.

Mayra Castro

Quiero ser en tu vida

Quiero ser en tu vida, mucho más que el momento,
de la simple aventura, de un instante que pasa,
quiero ser la que quieras, con todo sentimiento,
la que todos conozcan, la mujer de tu casa.

Quiero ser en tu vida, quién comparta tu sueño,
quien encienda la llama, en tus días de invierno,
quiero ser la persona, que con todo su empeño,
en tus horas más tristes, te mitigue el averno.

Quiero llenar tu vida, de dichas infinitas,
brindarte con ternura, lo que desee tu alma,
la que te de el valor, que a veces necesitas,
para enfrentarte al mundo, y que llegue la calma.

Quiero ser como el aire, que llega a tus pulmones,
como la sangre roja, que corre por tus venas,
quiero ser la causante, de todas tus pasiones,
y ser también la dueña, de tus noches serenas.

Quiero ser en tu vida, la que nutra tu aliento,
tu almohada de seda, donde duermas cansado,
después de haberme amado, y con agotamiento,
te rindas en mi cuerpo, tranquilo y relajado.

Ilumínate con la luz, del alma"

Fuiste

Fuiste ese amor tardío que aunque llegó a destiempo,
supo calmar el frío, que mi cuerpo tenía,
a mis hojas de otoño marchitas por el tiempo,
se les fue yendo el ocre de la melancolía

Fuiste esa luz que llega inundando el paisaje,
de claridades nuevas con un tono azulado,
cuando ya en la estación yo compraba el pasaje
del tren que me alejaba de mí triste pasado.

Fuiste más que mi amor, fuiste el sentir más tierno,
cuando ya en mi horizonte, el sol se despedía,
encendiste la hoguera en mis días de invierno,
trayendo a mi el verano que ya desconocía

Fuiste y siempre serás, el que me dió ese sueño,
el que hizo realidad, que llegara a mi vida,
la certeza real, de que aún queda ensueño
cuando ya nos creemos que acabó la partida.

Hoy nos separa un muro, un silencio de abismo,
y a mi alma le parece que muere cada día,
yo sé que a tí también te sucede lo mismo,
que quisieras tenerme junto a ti todavía.

Mayra Castro

Muchacha en la playa

Oigo el batir de las olas
mecidas por la corriente,
bate la brisa inclemente,
en un mar de caracolas.

Las arenas se han vestido
con su bello traje blanco,
una muchacha en un banco,
sentada se ha adormecido.

La espuma blanca ha llegado
a mojar sus pies descalsos,
cubriéndolos con los salsos,
de un oleaje perfumado.

Su sombrero se ha abatido
al compás del fuerte viento,
con un grácil movimiento,
se recoge su vestido.

El sol ya se va ocultando
y va llegando la noche,
ella contempla el derroche,
que el paisaje va creando.

La luna ya ha aparecido
en medio de las estrellas,
luces en el cielo; bellas,
parece que han florecido.

Ilumínate con la luz, del alma"

Ella camina despacio
tranquila como en suspiro,
sopla el aire y le da un giro,
a su negro pelo lacio.

Se va muy tarde a su casa
rayando la madrugada,
se va alejando extasiada,
con sus dos manos se abrasa.

"Cuando la oscuridad se cierna sobre ti,

Mayra Castro

Mi despedida

Quizás ya no me quieres, y no puedes,
decírmelo mirándome de frente,
tal vez porque te pasa por la mente,
que yo he de suplicarte que te quedes.

Será porque en verdad, no me conoces,
si ya se marchitó lo que sentías,
yo no te rogaré, no siento goces,
pidiendo que te quedes en mis días.

Mejor me marcharé sin decir nada,
caminaré sin rumbo por la noche,
más nunca dejaré que en mi mirada,
percibas ni una muestra de reproche.

Después me alejaré ya de tu vida,
no vas a verme más, me iré muy lejos,
te puedo asegurar, que en mi partida,
no verás de mi llanto los reflejos.

Celebraré por mí; aún afligida,
no me verás llorar, aunque este triste,
brindaré por los dos, mi despedida,
pues yo te amé de más...Y me perdiste.

Sé, que te va a doler

Si acaso alguna vez, recuerdas el pasado,
y hastiado de tu vida, intentaras volver,
al tocar a mi puerta, dirán que me he casado,
que lejos me he marchado; y eso te va a doler,

recordarás las veces que yo intenté llamarte,
para hacer que lo nuestro, volviera a florecer,
pero nunca quisiste, que intentara buscarte,
hoy recapacitaste, y eso te va a doler,

entonces sentirás, un gran peso en el alma,
una brisa muy fría, te erizará la piel,
sentirás sin quererlo, que no llega la calma,
que de ti me he olvidado; y eso te va a doler.

pronunciarás mi nombre, como si te escuchara,
un dolor muy amargo, se alojará en tu ser,
pues nunca entenderás, que otro amor encontrara,
y yo estoy convencida; que eso te va a doler.

pero será muy tarde, para arrepentimientos,
muy sola me dejaste, por un nuevo querer,
pero sé que el fondo, allá en tus sentimientos,
te sentirás muy triste; y eso te va a doler

Mayra Castro

Tal vez

Quizás no fuiste, nada más una quimera,
un dulce sueño, que creía realizado,
un laberinto, que no sabe de frontera,
una barrera, que pensé que había cruzado,

Tal vez llegaste, en un momento de cordura,
o mi locura, ya se había agudizado,
quién sabe fuiste, solamente una aventura,
o la razón de un triste instante idealizado.

Hoy ya no sé, si fue verdad o fue mentira,
lo que una vez, yo me creí que había pasado,
a veces pienso, que tal vez fuera mi lira,
la que en las noches, de ilusión me habrá inspirado.

Tan sólo sé, que aún me parece que te tengo,
en mis pupilas, todavía concentrado,
pero sé bien, que es la esperanza que mantengo,
de que algún día, en realidad me hayas amado.

Ilumínate con la luz, del alma"

No te podré olvidar

Te busqué en cada paso, de mis horas perdidas,
fui buscando en mi espacio, las huellas de tu andar,
recorrí mil caminos sin hallar la salida,
y aunque mucho lo quise, no te logré encontrar.

Atravesé fronteras, me fui hasta el infinito,
allá donde el lucero, brilla en la eternidad,
en el azul del cielo, te he llamado en un grito,
y me responde el eco, de la cruel soledad.

En mis noches te sueño, siento que estás conmigo,
sé muy bien que tu imagen, siempre me ha de alumbrar
porque sabes que fuiste, mucho más que mi amigo.

El tiempo inexorable, quedará de testigo,
que mis horas felices, las viví yo contigo;
y aunque la vida pase, no te podré olvidar.

"Cuando la oscuridad se cierna sobre ti,

Mayra Castro

Cada vez, que me amas

Se me acelera el pulso, cada día que me amas,
en lúbricas caricias, a mi cuerpo te abrazas,
se encienden los volcanes, en desbordantes llamas,
y avivas nuestro fuego, en impúdicas brazas.

¿Cuánto tiempo ha pasado..? No sabríamos la hora;
en el sentir intenso, el reloj se detiene,
y si acaso es de noche, nos sorprende la aurora,
amándonos los dos, sin fuerza que nos frene.

Volamos hasta el cielo, los ojos se dilatan,
cuando al climax llegamos, en desbordante anhelo,
al roce de las sábanas, mojadas que delatan,
que fuimos uno solo, en noche de desvelo.

Extenuados y alegres, nuestros cuerpos en calma,
embriagados de amor, nos cubrimos de besos,
anduvimos las nubes, en diluvios de excesos,
y una bella emoción, nos embelesa el alma.

Ilumínate con la luz, del alma"

Lo mejor de mi vida

Lo mejor de mi vida ha sido tu sonrisa,
esos bellos instantes que vivimos sin prisa.

La ilusión de tenernos en todos los momentos,
salvando las distancias y los impedimentos.

Lo mejor de mi vida lo he vivido contigo,
mi amante confidente y mi mejor amigo.

Me quieres y te quiero, eso bien lo sabemos,
que aún queda mucho tiempo, que juntos viviremos.

Tomados de la mano, seguiremos unidos,
sin que nos apartemos, ni un día del camino.

Lo mejor de mi vida contigo lo he vivido,
y tú, también la dicha, conmigo has conseguido.

Amor pasional

Tortuoso es el averno que me hace desearte,
sabiendo que ya bebes en otro manantial,
la sabia que mis besos quisieran regalarte,
ansiosos de besarte, de un modo pasional.

Declina mi caricia su mano en el anhelo,
de acariciarte el pelo, soñando tu querer,
escondo mis angustias tras un oscuro velo;
¡No sabes cuánto duelen mis ansias de mujer!

Te quiero desde el día, en que nos presentaron,
llenaste mis pupilas de una intensa inquietud,
en mi voz las palabras, de pronto se quebraron,
cuando ví tu sonrisa en toda plenitud.

No sé que sucedió, pero por un momento,
toda noción del tiempo, huyó de mi interior,
como una llamarada surgió este sentimiento,
calcinando mi pecho, cual fuego abrazador.

Yo sé que es imprudente querer de esa manera,
como si yo pudiera lograr esa ilusión,
convirtiéndo en verdad, la idílica quimera,
de que también me quieras, con toda tu pasión.

Me vas a querer

Yo quiero refugiarme en tu mirada,
tener los dulces besos de tu boca,
porque de tí me siento enamorada
y mi alma al contemplarte se desboca.

Y aunque sé bien que yo no soy tu amada,
un día me amarás sin esperarlo
no creas que estaré desconcerta
al saber que mi amor quieres lograrlo

No es que yo te adivine el pensamiento,
pero somos amigos de los años
te conozco muy bien el sentimiento,
y sé que un falso amor te causó daños

Y no me verás más como a una amiga,
a quien cuentas el mal que te lacera
soy yo la que las penas te mitiga
sin tú saber que mi alma desespera

Entonces me amarás como yo quiero,
y me vas a querer alucinando
porque yo te daré amor verdadero,
el que hace mucho estabas esperando.

"Cuando la oscuridad se cierna sobre ti,

Ansias de ti

He sentido el aroma, del perfume exquisito,
de tu piel que me abraza, desde cualquier lugar,
lo he sentido en las noches, llegar del infinito,
como rumores de olas, serenas de alta mar.

En medio de la nada, no sé cuando ni dónde,
le pregunté al silencio, si un día volverás,
con su habitual cadencia, el eco me responde,
que a darme tus caricias, pronto regresarás.

Y yo estaré esperando, con ansias espectantes,
que llegues y me abraces, como tiene que ser,
cuando dos seres aman, como aman los amantes,
se vuelven delirantes, las ansias de volver.

Y volver a encontrarte, será como un legado,
que me hubieran brindado, por tanta adversidad,
que por no estar contigo, en mi vida he pasado

Por eso cuando vuelvas, de regreso a mi lado,
quiero que me devuelvas, tu amor apasionado,
que me mostró el sendero, de la felicidad.

Desolación

Amanecí con ganas, de tenerte a mi lado,
de sentir tus caricias, otra vez en mi piel,
pero me percaté, que te habías marchado,
y mis ansias de amarte, se trocaron en hiel.

No puedo comprender, porque me abandonaste,
dejándome en la duda, apenas sin saber,
si nunca me quisiste, o te decepcionaste,
por alguna razón, que no logro entender.

Y no es que yo me muera, porque no estás conmigo,
es cierto que te quiero, quizás hoy más que ayer,
pero lo que me duele, y ya es como un castigo,
es que no me explicaras, tu injusto proceder.

Si tú me hubieras dicho, que ya no me querías,
que habías encontrado, una nueva ilusión,
yo sé, que en ese instante, se hubieran vuelto frías,
las ansias que tenía, de darte mi pasión.

Pero no me dijiste, ni una palabra al menos,
te fuiste sin apenas, darme una explicación,
echando por la borda, mis más caros anhelos,
dejándome sumida, en la desolación.

Tú fuiste

Tú fuiste surtidor de mi sonrisa,
eterno resplandor de mis colores,
el diáfano aleteo de la brisa,
aroma indiscutible de mis flores,
tú fuiste el despertar de la caricia,
que me hizo conocer de los sabores,
que encontré en la fragancia de tu aliento,
y me colmó de magia el sentimiento.

Tú fuiste claridad de mi mañana,
el beso que se da con alegría,
la luz que me llegó por la ventana,
en noches de dolor y de agonía,
tú fuiste ese deseo que me emana,
de tenerte en mis brazos cada día,
pero sé que otro amor te aplaca el frío,
en verdad tu querer nunca fue mío.

Un nuevo día

Aparece el sol naciente;
allá por el horizonte
y navegan en el monte
los ríos en su corriente.
La mañana de repente,
nos anuncia un nuevo día
se escucha la melodía,
de los pájaros que vuelan,
y con sus trinos revelan
que el campo está floreciente.

Hoy me siento diferente;
al contemplar la belleza,
de tanta naturaleza
que hace que vuele mi mente.
Y te me has hecho presente
cuando las palomas vuelan,
y mis sueños se revelan
pensando que estás conmigo,
el cielo es mudo testigo
de que te amo eternamente.

Mayra Castro

Hoy, me voy de tu vida

Hoy me voy de tu vida; silente sin rencores
como errante gaviota que continúa el vuelo
quise ser de tu huerto, el olor de las flores
y la luz deslumbrante de tu azulado cielo.

Yo quise navegar en tus profundos mares
como nave que lleva, su cubierta cargado
de un amor que quería descubrir en tus lares
la sublime pasión, que siempre he deseado.

Pero me marcho en paz, sin un solo repeoche
si no pude encontrar lo que tanto quería
no te culpo, por Dios, solo culpo a la noche
Porque me hizo creer, que en tus sueños vivía.

Me voy lejos de ti, donde no pueda verte
donde la soledad, apacigue mi pena,
si no quiso el destino que pudiera tenerte,
tendré que resignarme a sufrír mi condena.

Ilumínate con la luz, del alma"

Tú, te quedaste

Anoche desperté conmocionada,
no sé, si fue verdad o si no es cierto,
como la soledad en un desierto,
de pronto me he sentido abandonada,

anduve nuestra casa ilusionada,
te vi sentado allí, frente a la tele,
y puede que esta idea me consuele,
pero no me creí desamparada.

quizás en el intento de no verte,
marcharte esa mañana sin mirarme,
tu imagen siempre suele visitarme,
y en compañía extraña se convierte.

charlamos del poema favorito,
el que siempre me leias tiernamente,
me hablabas con dulzor fervientemente,
diciendo, nuestro amor, será infinito,

si acaso alguna vez me abandonaste,
no siento ni una pena que me abrume,
cuando te beso siento tu perfume,
no te has ido mi amor; no te alejaste,

estás en el recuerdo que dejaste,
en cada cosa tuya que yo miro,
estás aquí en el aire que respiro,
viviendo junto a mí...¡Tú te quedaste!

Hoy, volví a recordarte

Hoy volví a recordarte y he sentido el hastío,
me di cuenta que han muerto las flores del rosal,
esas que florecieron cuando tu amor y el mío,
tenían la frescura de un edén pasional.

De aquel amor genuino solo quedó un vacío,
perdimos el encanto del bello madrigal,
ese que compusimos a la orilla del río,
pensando que lo nuestro no tendría final.

Pero el cariño acaba y todo se ha perdido,
como una primavera que pierde el esplendor,
y la pasión que un día nos ha pertenecido,

la dicha incomparable de todo lo vivido,
el fuego que creímos para siempre encendido,
como no lo avivamos ya perdió su fulgor.

Por un amor

Por un amor perdido yo, vivo de pesares
que han dejado en mi boca el sabor de la hiel,
ellos están conmigo y no existen lugares
donde yo encuentre alguno, que sea como aquel.

El se adueñó de mi alma y de mi sentimiento,
lo amé como a ninguno con toda mi pasión,
no he podido olvidarlo por un solo momento,
porque lo amé de veras con toda adoración.

Pero un día me dijo debía confesarme,
que ya se ha enamorado de otro nuevo querer,
a no volver a verlo tuve que conformarme,

mas todavía, siento que puedo enamorarme,
de alguien que sí, me quiera y que decida amarme,
para entregarle todas mis ansias de mujer.

Si quisieras volver

Cuando pienso en tu cara y mi mente te evoca,
siento un gozo en el alma que no puedo evitar,
es como si llegaras y besaras mi boca,
y pronuncio tu nombre con ganas de llorar.

Si supieras las veces que te tengo a mi lado,
que acaricio tu pelo, sin que estés junto a mí,
comprendieras entonces que nunca te he olvidado,
y aunque no estés conmigo sigo pensando en ti.

Hay noches que te siento llegar y estoy dormida,
y en sueños he creído que hacemos el amor,
¡que triste me despierto! ya no estás en mi vida;
quizás te has dado cuenta que el irte fue un error.

Yo sé que algunas veces también tú me recuerdas,
porque sé que lo nuestro no es fácil de olvidar,
y aunque no digas nada a solas tú te acuerdas,
de los besos que siempre te solía inventar.

Recuerdo aquella noche de magia y fantasía,
cuando por vez primera nos amamos tu y yo,
nos parecia que el tiempo sus pasos detenía,
y que el mundo era solo, para nosotros dos.

Por eso sí regresas de nuevo a mi destino,
porque a pesar de todo, te mueres por volver,
andaremos muy juntos, por el mismo camino,
para vivir lo mismo que vivimos ayer.

ilumináte con la luz, del alma"

Preciso de alguien

Mi voz, en arrullo al viento murmura,
preciso de alguien que quiera a mi modo,
que sea un refugio y no una aventura,
que llegue a mi vida aireándolo todo.

Necesito a alguien que pueda brindarme,
en cualquier momento amor y ternura,
alguien que dispuesto esté de cambiarme,
mi mundo que sabe a triste amargura.

Necesito a alguien que con su constancia,
me de la esperanza que de mí se ha ido,
que siembre en mi huerto, anhelos, fragancia,
y le de a mi historia un nuevo sentido.

Necesito a alguien que derrumbe el muro,
lugar donde vivo en monotonía,
que entre iluminando el rincón oscuro,
que habita mi alma callada y sombría.

"Cuando la oscuridad se cierna sobre ti,

Mayra Castro

Se nos fugó el amor

Se nos fugó el amor, entre las manos,
nada pudo impedir que sucediera,
todos nuestros esfuerzos fueron vanos,
porque el tiempo de amar jamás espera.

Hicimos lo indecible por hallarlo,
pero era tarde ya para impedirlo
la vida se ha encargado de alejarlo,
nuestros errores lograron destruirlo.

Pusimos una nube de distancia
haciéndo el corazón inconmovible,
a darle nuestra ayuda y tolerancia,
y ahora continuar es imposible.

Ya no siento por ti lo que sentía,
ni tampoco por mí, sientes lo mismo,
se nos fugó el amor que nos unía,
hoy nos separa el muro de un abismo.

Ilumínate con la luz, del alma"

Renacer

Tropecé tantas veces en el mismo camino,
caminé sobre piedras que quería apartar
pero a veces las piedras, están en tu destino
y por más que no quieras, vuelves a tropezar.

Hoy te vi frente a frente, y te miré a los ojos,
continúan teniendo aquel mismo mirar,
aquel mirar que hizo que un día, me enamorara
y que a pesar del tiempo, no he podido olvidar.

Y no sé si aún te quiera, o ya dejé de hacerlo,
hay cosas que no tienen ninguna explicación,
pero he visto tus ojos, y creo que aún te quiero,
no sé por qué motivo, ni entiendo la razón.

Hace tiempo que había, olvidado tu rostro,
al menos lo creía antes del día de hoy,
pero he sentido al verte una emoción intensa,
algo que yo he creído, que sigue siendo amor.

Será un amor pequeño cual gotas de rocío,
que gotean el estío con algo de humedad,
o puede ser que sea, tan grande como un río
y me cubren sus aguas con su profundidad.

Tantas veces creí, que había terminado,
el amor que una vez hiciste florecer,
pensaba ciegamente, que se habían marchitado,
las rosas que sembraste aquel amanecer.

"Cuando la oscuridad se cierna sobre ti,

Pero al verte de nuevo, algo me ha sucedido,
algo que no esperaba; y me ví en el ayer,
cuando hacías que viviera feliz y enamorada,
y he sentido en mi pecho, mis ansias renacer.

Siento que me haces falta

Aunque yo no lo quiera, mi amor te necesita,
y de cualquier manera, tu recuerdo me asalta,
cada hora de tu ausencia, me parece infinita,
sin poder evitarlo...¡Siento que me haces falta!

Recuerdo tu sonrisa, tu mirada que excita,
tu presencia en mi mente, como fuego me exalta,
cuando pienso en tus ojos, todo mi ser se agita,
y en mis noches sin calma...¡Siento que me haces falta!

Y de pronto recuerdo, nuestra última cita,
presiento que a lo lejos, tu figura resalta,
y siento que en mi cuerpo, todavía palpita,
mi esencia que me grita ¡Siento que me haces falta!

A veces por las noches, mi fe se debilita,
porque aunque no lo quiera, siempre me sobresalta,
tu palabra de adiós en nuestra última cita,
aunque ya no me ames ¡Por Dios que me haces falta!

Mayra Castro

Te necesito

Frente al mar te recuerdo, contemplando las olas,
siento tu voz que llega, como en eterno rito,
permanezco sentada, con mi dolor a solas,
y escribo en las arenas, mi amor te necesito.

Imágenes de antaño, me pasan por la mente,
besos, caricias, lágrimas, de dolor infinito,
camino por la playa, como una adolescente,
diciendo tristemente, mi amor te necesito.

Como cada mañana recuerdo tu sonrisa,
tus palabras ardientes, y regreso a aquel sitio,
donde nos adoramos, con esa suave brisa,
y pienso con nostalgia, mi amor te necesito.

Tú tal vez me recuerdas, en un lugar del mundo,
y quizás mi presencia, no sea solo un mito,
porque también me amaste, con un amor profundo,
donde quiera que estés, mi amor te necesito.

Mi cuerpo se estremece, contemplando el oleaje,
presiento tus caricias, con placer infinito,
aparece tu imagen, en el azul celaje,
y pronuncio muy bajo, mi amor te necesito.

Yo sé que cuando el tiempo, veloz haya pasado,
y nuestro amor ya sea, solo un romance escrito,
allí donde te encuentres, como un ángel alado,
solo diré a tu lado, mi amor, te necesito.

Ilumínate con la luz, del alma"

Todo era perfecto

Todo era perfecto, sencillo y perfecto,
como las arenas debajo del mar,
como las praderas, como los desiertos,
como el agua fresca de algún manantial,

El cielo, las nubes, el sol, las estrellas
y todos los astros solía mirar,
y nunca tenía un mal pensamiento,
la vida era hermosa sencilla de amar.

Entonces un día los astros no estaban,
se habían marchado hacia otro lugar,
no ví más el cielo, cubierto de estrellas
y el sol que brillaba, dejó de alumbrar.

Porque lo perfecto se volvió imperfecto,
me encontré muy sola y en mi soledad,
descubrí otro mundo brutal y revuelto,
el mundo que nunca quise contemplar.

Sentí que mi vida cambió de contexto,
las cosas tenían otra dimensión,
ya los arcoiris no eran mi universo
y no oía a lo lejos su etérea canción.

Los bosques perdieron su tono tan verde,
se cubrió de ocre su vegetación,
los barcos se fueron de todos los puertos,
parecían muertos en desolación.

"Cuando la oscuridad se cierna sobre ti,

Llegamos un día a un mundo perfecto,
perfecto y sin manchas, creado por Dios,
sin embargo él hombre es tan imperfecto
que está destruyendo lo que Dios, creó.

Mi eterno amor

Mi eterno amor, poesía
sincera amiga del alma,
contigo llega la calma
cuando te escribo en el día.
Eres mi luz, mi alegría
sin ti, la vida, no es nada,
contigo estoy confinada
a seguirte hasta la muerte,
y yo, he tenido la suerte
de que hayas sido creada.

Te siento en la madrugada
y cuando está amaneciendo,
en una noche lloviendo,
y también en la alborada.
Tengo el alma iluminada
Pues, con tu luz, me sostienes
a mi cerebro mantienes
constantemente ocupado
estaré siempre a tu lado
porque a mi verso te avienes.

"Cuando la oscuridad se cierna sobre ti,

Con esa fuerza impresionas
para decir lo que siento,
expreso mi sentimiento
y el sentir de otras personas.
Eres fiel, y no abandonas
a seres enamorados,
que en ti, se ven reflejados
cuando alguna letra al viento,
define su sufrimiento
si se sienten olvidados.

Otras veces tu alegría
nos atrapa y nos envuelve,
en una magia que absuelve
porque tocas corazones.
Con tu clamor de emociones
de amor o de desencanto,
cubres con tu himno de encanto
a toda la humanidad,
tú, eres la felicidad
cuando se entona tu canto.

Decir madre

Decir madre, es decir vida,
el pan que nos alimenta,
la que siempre nos alienta
la que nos cura la herida.
Nuestro sostén y guarida
si tenemos una pena,
la que llega y te serena
con su palabra precisa
y hace brotar la sonrisa,
cuando el dolor te encadena.

La madre es el hada buena
que tenemos cuando niños
con maternales cariños,
nos hace la niñez plena.
Con su sencillez, nos llena
de confianza y alegría,
de fuerza y sabiduría,
de bondad y de ternura,
es calidez y dulzura,
nuestra mejor compañía.

"Cuando la oscuridad se cierna sobre ti,

Mayra Castro

La madre cuando has crecido
sigue pendiente de todo,
y se bate codo a codo,
si un daño te ha acontecido.
Si te muestras afligido
tu dolor también es de ella,
es de tu cielo la estrella
que te alumbra a cada paso
y aunque ya esté en el ocaso,
su luz, será la más bella.

La madre siempre te aviva
el corazón cuando lloras,
suerte tienes si la adoras
si aún, la conservas viva.
Es el ser que más motiva
a darle en todo momento,
tu más puro sentimiento
porque un día cuando falte,
aunque un gran dolor te asalte
no tendrás remordimiento.

La madre es luz, celestial
es remanso y melodía,
es música, algarabía,
si aún la tienes, genial.
Pero si ya, se ha ido, igual
vivirá, mientras vivamos,
cada vez que respiramos
sentimos esa presencia,
porque la madre es esencia
y amor, mientras existamos.

Ilumínate con la luz, del alma"

El soñador

Él, creía que el sol, le seguía los pasos,
pensaba que la luna, era su compañera,
que le pertenecían, los sublimes ocasos,
los días destellantes, de olor a primavera.

Soñaba con estados, libres ya de fronteras,
con la paz absoluta, en la faz de la tierra,
con que el norte y el sur, no tuvieran barreras,
que ninguna nación, promoviera la guerra.

Pensaba que en el cielo, se hacían maratones,
concursos delumbrantes, para elegir la estrella,
la que brillara más, en todos los rincones,
la reina de la noche, la de la luz más bella.

Creía que en el mar, se detenía el tiempo,
cuando lo contemplaba, con sus aguas de plata,
que no se encontraría, con ningún contratiempo,
para cantarle a solas, su eterna serenata.

Él pensaba que el viento, lo tomaba en sus brazos,
que lo hacía volar, por sobre las cascadas,
que podía anudar, el mundo con los lazos,
que trenzaba en su mente, sus ideas cansadas.

Delineó un arcoiris, con doscientos colores,
y tiñó el horizonte, de paciencia y de calma,
sus ensueños tenían aroma de las flores,
y una bella canción, le recorría el alma.

Él soñó con planetas, de otro nuevo universo,
se pasaba los días, y las noches pensando,
creía ver la vida, reflejada en un verso,
se olvidó de existir, para vivir soñando.

La espera

¿Cómo le irá sin mi? A veces me lo pregunto, sobretodo en las madrugadas, cuando nos pasábamos horas contemplando las estrellas, con la complicidad del silencio, cuando podíamos volar y ver la tierra desde arriba y el mundo se nos hacía tan nuestro.

Si supiera que desde que no está, ya ese cielo, no es el mismo de antes, que ya mis ojos no tienen esa mirada de primavera, con la que veía la luna, que ya el arcoiris no tiene los siete colores que tenía, que le falta el de la esperanza, que ya nada es como cuando éramos uno solo en la inmensidad de la noche, que mi risa ya no tiene cascabeles y mis manos se han quedado vacías sin el calor de sus manos, o tal vez, todo siga igual y sea yo, la que lo ve diferente.

Quizás en este mismo instante se encuentre tan solo como yo, y las horas se le hagan largas y los días interminables y por la misma razón que no lo busco, no se atreve a buscarme, porque el orgullo que es nuestro peor enemigo se interpuso en nuestros sueños de amarnos para siempre.

¿Quién sabe si a esta misma hora se halle inventando alguna sinfonía difusa, para ocupar la mente y no pensarme tanto, y al igual que yo, no pueda dormir y se diga que es mejor no volver a intentarlo, y repita hasta el cansancio las palabras de renuncia que no le he dicho, en ese querer pensar por mí. Y así, se nos va el tiempo, esperando para ver, quién dará el primer paso, sin mover ni un solo dedo para recomenzar, agonizando los dos en la espera.

Si alguna vez
(Décima espinela)

Si alguna vez me recuerdas,
si al salir alguna noche,
acomodado en tu coche
sientes que de mí te acuerdas.
Y si quizás te remuerdas
en tu conciencia, y te digas,
que me causaste una herida
el día que te marchaste,
porque sola me dejaste
infeliz y entristecida.

Si alguna vez me imaginas
llorando por los rincones,
evocándote en canciones
sufriendo por las esquinas.
O si acaso vaticinas
que me dañaste la vida,
después de tu despedida
porque dejaste desierto
mi corazón casi muerto,
como un oso sin guarida.

Ilumínate con la luz, del alma"

Te diré que tu partida
me provocó un fuerte daño,
que me dolió el desengaño
y me sentí deprimida.
Que estaba triste y perdida
pero me fui acostumbrando
a no seguirte pensando,
entendí la adversidad
que no me amaste en verdad
por eso te fui olvidando.

Así me fui acostumbrando
a vivir sin tu presencia,
aunque extrañaba tu ausencia
sola me fui conformando.
Y me di cuenta, que cuando
menos yo, me lo esperaba,
mi mente no te pensaba
que ya se había sanado,
mi corazón que angustiado
a veces te recordaba.

Se fue la melancolía
y recuperé mi calma
cuando comprendí que mi alma
de dolor ya no sufría.
y me llené de alegría
de ganas de ilusionarme,
de volver a apasionarme
y alguien me ha enamorado
me olvidé de aquel pasado
porque logró conquistarme.

"Cuando la oscuridad se cierna sobre ti,

Nostalgia de ti

Siento tristeza en el alma cuando me llega el recuerdo,
de las horas que vivimos, repletas de amor intenso,
cuando descubrí que un beso me rescató del averno,
en el que estaba sumida, sin ni siquiera saberlo.

Nunca hubiera imaginado en nuestro primer encuentro,
que mis amores pasados habían sido solo sexo,
que existe una luz que llega a iluminar nuestro centro,
cuando alguien nos despierta el amor y el sentimiento.

Qué en la chispa de tus ojos me perdí para mi suerte,
que mis historias pasadas no eran vida, sino muertes,
que las pecas de tu espalda se me hicieron
permanentes,
en cada sitio que estoy, siempre las tengo en mi mente.

Aunque hoy somos solo amigos porque así lo decidiste,
cada vez, que conversamos no puedo evitar sentirte
el aroma de tu pelo, que me sabe a sol y a gloria,
la suavidad de tu risa que la guardo en mi memoria.

Tu aliento que cada día, inhalaba gota a gota,
las veces que lo bebía sedienta sobre tu boca.
Son cosas que no se olvidan y por más que amigos
somos,
te recuerdo cada día y cada día ¡te añoro!

Hasta que tú te decidas, esperaré con nostalgia,
que me des tu compañía y no tenga que soñarla;
porque me duele el vacío que dejaste con tu ausencia...
y solo podrá llenarlo el calor de tu presencia.

Amor imaginario

Es irreal yo, lo sé, esta forma de pensarte,
de sentirte, de soñarte, de creer que estás aquí,
de imaginarme tus labios apretados a los míos,
de exhalar como un gemido,
cuando me besa tu boca, con esa pasión tan loca,
que hace que pierda el sentido.

Muchas veces imagino que llegas y que me abrazas,
y nuestros cuerpos son brasas, que arden en fuego
encendido.

¿Qué me has hecho, que camino con tu imagen en mi
mente?
siento que besas mi frente, y nunca he estado contigo
y sin embargo he creído que duermes entre mis brazos,
que me siento en tu regazo y acaricias mis cabellos,
que enredados en tus dedos, me haces tuya y toco el
cielo.

Que tus ojos lisonjeros, brillan como en un derroche
iluminando la noche, como si fueran luceros.

Te imagino tanto amor, que de tanto imagínarte
me parece que eres parte de mi historia y de mi vida,
eres la fruta prohibida del huerto de mi esperanza,
y yo, espero con constancia algún día conocerte,
y poder tener la suerte, de que se cumplan mis ansias.

Me encontré contigo

Me encontré contigo, ayer en la tarde,
después de algún tiempo, que no te veía,
y volví a sentir, un fuego que arde,
en mitad del pecho, igual que aquel día.

Te miré a los ojos, no pude evitarlo,
sentí que un torrente, corría por mis venas,
la sangre caliente, casi sin pensarlo,
sentenció mi cuerpo, como una condena.

Supe en ese instante, que no te he olvidado,
que aún siento que te amo, que sin ti mi vida,
ha sido un camino, que no he transitado,
que estado sin rumbo, vagando perdida.

Yo quise tocarte, besarte en la boca,
quise acariciarte, de pies a cabeza,
sentí de repente, que me he vuelto loca,
si ya no me amas...Tengo la certeza

Pero me contuve, respiré despacio,
y te he saludado, como a un conocido,
de esos que se tienen, en algún espacio,
de un tiempo pasado, que ya hemos vivido.

Tú me has preguntado ¿Cómo te ha ido todo?
y yo he respondido, con mirada fría,
he estado perfecta, olvidé el pasado,
con la indiferencia, que yo no sentía.

Después te marchaste, con tu andar sereno,
ese que yo nunca, olvidar podría
y yo me he quedado, tragando el veneno,
que dejaste en mi alma, callada y sombría.

"Cuando la oscuridad se cierna sobre ti,

Enamorada

Sumergida en tu cuerpo, bebiéndome tu aliento,
tus piernas y mis piernas, fuertemente enlazadas,
se escuchan los gemidos, de nuestro sentimiento
tu voz, roza mi cuello, sutil y entrecortada.

Perdido uno en el otro descubres mi universo;
mis fuentes y mis ríos, mis mares, y cascadas,
y con tinta endeleble me tatúas un verso,
en las profundas olas, de mis aguas saladas.

La habitación se impregna de cálidos suspiros,
que inundan de placeres las sábanas mojadas,
sentimos en instantes, el mundo que da giros,
llenando de pasiones toda la madrugada.

Candentes nos besamos, amándonos despacio,
sin ver pasar el tiempo, nos llega la alborada,
nos sorprendió la aurora inundado el espacio,
con luces de colores que anuncian su llegada.

Cuando aparece el sol, aún estás conmigo,
no quiero levantarme estoy aletargada,
ya se escondió la luna, que sirvió de testigo,
de las horas vividas, feliz y enamorada.

Quisiera esta noche

Quisiera esta noche, hablarle a la luna,
recorriendo a solas, la orilla del mar,
contarle mis penas, porque no hay ninguna,
que como ella cure, mi negro pesar.

Llenar mis pulmones, de la brisa fresca,
andar las arenas, bajo la quietud,
de un manto de estrellas, y cuando amanezca,
sentir la alborada, en su plenitud.

Tranquila y serena, mirar a lo lejos,
donde el cielo se une, con el ancho mar,
en el horizonte donde los reflejos,
parecen espejos de tanto brillar.

Sentir el hechizo del sol cuando asoma,
Poniéndo a la noche un punto final,
creer que de pronto, me volví paloma,
que vuela cruzando la aurora boreal.

Para así olvidarme del amor que un día,
colmó de alegría todo mi existir,
y se fue cual ave a la lejanía,
dejando en mi alma un hondo sufrir.
Tropecé tantas veces en el mismo camino,
caminé sobre piedras que quería apartar,
pero a veces las piedras, están en tu destino
y por más que no quieras, vuelves a tropezar.

"Cuando la oscuridad se cierna sobre ti,

Hoy te vi frente a frente, y te miré a los ojos,
continúan teniendo aquel mismo mirar,
aquel mirar que hizo que un día me enamorara
y que a pesar del tiempo, no he podido olvidar.

Y no sé si aún te quiera, o ya dejé de hacerlo,
hay cosas que no tienen ninguna explicación,
pero he visto tus ojos, y creo que aún te quiero,
no sé por qué motivo, ni entiendo la razón.

Hace tiempo que había, olvidado tu rostro,
al menos lo creía antes del día de hoy,
pero he sentido al verte una emoción intensa,
algo que yo he creído, que sigue siendo amor.

Será un amor pequeño cual gotas de rocío,
que gotean el estío con algo de humedad,
o puede ser que sea, tan grande como un río
y me cubren sus aguas con su profundidad.

Tantas veces creí, que había terminado,
el amor que una vez hiciste florecer,
pensaba ciegamente, que se habían marchitado,
las rosas que sembraste aquel amanecer.

Pero al verte de nuevo, algo me ha sucedido,
algo que no esperaba; y me ví en el ayer,
cuando hacías que viviera feliz y enamorada,
y he sentido en mi pecho, mis ansias renacer.

Ilumínate con la luz, del alma"

Agradecimientos

Quiero ante todo, agradecer a Dios, por permitirme publicar mi libro, el mismo que le dedico especialmente a mis padres y a mi hermana jimagua, Mayda Castro Domínguez, que tanto ha hecho porque mi sueño se haga realidad.

Quiero agradecer a Gertrudis Dueñas Román por editar, maquetar y prologar el mismo.

Agradecer a Miguel Ramírez (José Bosco) por sus sabios consejos.

Agradezco a Clementina Bravo Rivera por la confección de la carátula de este libro, que tan amablemente se ofreció a realizar.

Agradecer además, a Kindle Direct Publishing y a cuanta persona tenga la delicadeza de leerlo.

A todos ellos, gracias.

Mayra Castro.
Poeta y escritora cubana
La Habana, Cuba.

Datos sobre el autor

"Por los caminos del alma" es el primer poemario publicado por la poeta cubana Mayra Castro Domínguez, y con él, el principio de una serie de obras que tienen vida propia y que próximamente saldrán a la luz.

Desde sus primeras letras va creando un estilo propio que la distingue hoy día, entre muchos poetas y no es hasta año 2019 que se da a conocer en las redes sociales, donde ha obtenido numerosos diplomas y reconocimientos por sus obras presentadas en los diferentes grupos de poesía de Facebook, tales como Entre Verso y Rima Nació la Poesía, Caprichos de la Pluma, de Stella Puricelli, donde sus poemas tuvieron una gran acogida por parte de los administradores e integrantes del grupo, siendo así merecedora de cuatrocientos ochenta diplomas y reconocimientos de honor durante el año 2020.

En el año 2021 integra el grupo Rebotes de Amor, administrado por la poeta Maria Nieto, recibiendo de esta ochenta reconocimientos en honor a sus excelentes obras poéticas, También participa como integrante del grupo Poemario & Literatura, del poeta Juan Cedeño, donde ha sido homenajeada con treinta y cinco diplomas y reconocimientos por la belleza y calidad de sus obras. Recientemente participa del Concurso Internacional de Poesía a la Gaonesa donde su obra presentada fue merecedora de un diploma de honor.

"Por los caminos del alma"

La poeta cubana es integrante activo del grupo de Facebook Jotabeando con ficha en el Directorio de Poetas del Mundo de la Rima Jotabé, Valencia, España, dirigido por el creador de la Rima Jotabé Excelentísimo Señor Mosén Juan Benito Rodríguez Manzanares y donde sus poemas en esta novedosa estructura son recepcionados como Poeta clásico Jotabera.

Sus poemas han sido presentados por locutores y declamadores como Rubén Cepeda, Alberto pujol, por así mencionar algunos de ellos, con gran aceptación por parte de los radio-escucha y demás seguidores de dichos personajes teniendo en cuenta la belleza y calidad de sus letras y la excelente voz de sus declamadores.

Mayra Castro Domínguez es esa poeta que va marcando pausta con su peculiar manera de versar y he aquí un poemario para deleitar a los amantes de la buena poesía.

Redactado por:
Gertrudis Dueñas Román.

"Cuando la oscuridad se cierna sobre ti, ilumínate con la luz, del alma"

ÍNDICE

Ilumínate con la luz, del alma"

"Cuando la oscuridad se cierna sobre ti,

"Cuando la oscuridad se cierna sobre ti,

NOTA:

Poemario de la poeta cubana Mayra Castro Domínguez, que ha sido finalizado a las once de la noche del domingo cuatro de junio de dos mil veintitrés, en Lehigh Acres, Florida, Estados Unidos por la poeta y escritora cubana Gertrudis Dueñas Román, quien ha sido responsable de la edición, formato, Prólogo y maquetación del mismo.

"Cuando la oscuridad se cierna sobre ti, ilumínate con la luz, del alma"

Mayra Castro.

Mayra Castro

Ilumínate con la luz, del alma"

www.ingramcontent.com/pod-product-compliance
Lightning Source LLC
Chambersburg PA
CBHW050913260726
48660CB00001B/177